澤浩のロープマジック
ROPE TRICKS OF DR. SAWA

宮中桂煥 著
TON・おのさか 編

東京堂出版

澤浩のロープマジック

著者
宮中桂煥

編纂・イラスト
TON・おのさか

写真
Satoshi. O

東京堂出版

まえがき
(私がロープを手にするまで)

　澤さんの家にある別棟（私は"奇術棟"と呼んでいる）に、背丈ほどの収納棚がある。20ほどの引き出しが付いているその棚のことが、訪問するたびに私は気になっていた。

　というのは、この引き出しは透明で中が見える。そこには白のみならず、赤、青、黄色とカラフルなロープがいっぱい入っているのがわかる。それらは1つずつ透明な袋に入っていて、1つの奇術ごとに、きっちりと整理・収納されているようなのである。

　ただ澤さんと知り合った当時、私自身はあまり『ロープ奇術』に興味が無く、『プロフェッサー・ナイトメア（教授の悪夢）』などごく簡単な奇術を演じる程度であった。ましてや、他にレパートリーなど増えるよしもなく、ロープ奇術は私からは最も遠いところにあったのである。時折、高木重朗氏がレクチャーする『3本ロープ』や『ロープ切り』を見る機会はあったが、私のこれらの奇術に対する評価は「上手く演じているが、残念ながら、道具（ロープを3本、ロープとハサミ）を取り出したとたん、観客に現象が予測される奇術はどうも……」というものであったと記憶する。

　そのような私が、澤氏の奇術を発表するに当たって、『コイン奇術』の次に選んだのは『ロープ』という素材であった。彼の考案する奇術の素材は多種多様に渡る。またクラシックな奇術素材であるカード、コイン、リング、ロープについても、その研究と成果は質・量とも膨大なものがある。残念なことに、彼はメモやノートを取る習慣が（本当に）無いので、多くの作品が失われてしまったのである。

　彼が見せてくれる『ロープ奇術』は、我々を騙してくれ（「やられた！」と喜ばせてくれる）たり、「美しいドラマのようだ」と思わせてくれたり、「えっ？」と驚かしてくれたりと、素直に面白いのである。

　澤さんがロープ奇術を研究するようになってから、40年が過ぎた。「その成果が失われてしまうのは、非常に惜しい」と考えた私が、岐阜に再び（6年ぶりに）転勤となったのも何かのご縁だと観念（？）し、自分の筆不精な上、理解力の乏しいことも省みず、ただただ読者の方々が彼の奇術を楽しく演じている姿を夢見つつ、この書を世に送り出す次第である。

2016年3月　岐阜にて
宮中　桂煥

澤浩のロープマジック

もくじ

まえがき……………………………………………………………………………………3
解説の前に…………………………………………………………………………………6
使用する『ロープ』について……………………………………………………………9
使用する『ハサミ』について……………………………………………………………11

技法編
澤のループ・エンド……………………………………………………………………14
澤のベンド・エンド……………………………………………………………………18
澤のボール・エンド……………………………………………………………………19
解かない解き……………………………………………………………………………22
結び目を解くと見せてもう1つ………………………………………………………24
結ばないで結ぶ…………………………………………………………………………27
スライディング・ノット………………………………………………………………29
U字で絡めたロープの結び方…………………………………………………………32
　　1．セパレイティング・ノット……………………………………………………32
　　2．スライディング・ノット………………………………………………………33
フォールス・ノット……………………………………………………………………34
　　1．プッシュオフ・ノット…………………………………………………………34
　　2．ムービング・ノット……………………………………………………………37
　　3．キー・ノット……………………………………………………………………39
　　4．天海のフォールス・ノット……………………………………………………43
フォールス・カウント…………………………………………………………………46
　　1．スライド・イン・メソッド……………………………………………………46
　　2．ドロップ・メソッド……………………………………………………………47
ハンギング・ムーブ……………………………………………………………………51
ロープの両端の改め……………………………………………………………………54

奇術編
ビヘ！？…………………………………………………………………………………58
ナポレオン・ノット……………………………………………………………………66
タイトロープ……………………………………………………………………………76

もくじ

レスキュー・ロープ	85
ギョ！	93
ポチ	100
スーパー・ナチュラル・ロープ	112
フェニックス・ロープ	115
ラブ・ミー・テンダー	133
トリオロス・ロープ	144
ロープの四重奏	150
水のようなロープ	167
ワッ！	176
21世紀ロープ	179
クック・ドゥードゥル・ドゥー	190
ボニーとクライド	199
オキ	214
カーニバル・セレモニー	232
トレージャー・ハンター	241
にほんのロープ	247
ペンジウム・ロープ	250
ランバダ	255
その他の「現象」	264

資　料

ロープ奇術の現象	267
＜参考文献＞	267
＜参考画像＞	269
あとがき	270

解説の前に

澤浩（Hiroshi Sawa）とは
　かつてアメリカにダイ・バーノン（Dai Vernon）という、とても素敵な奇術家がいました。彼は世界中の奇術仲間から敬愛され、尊敬を受け、一目置かれていました。人々から『プロフェッサー』と呼ばれていましたが、それは彼が、奇術に関する知識・考案能力・奇術家との付き合いなど、どれをとってもずば抜けた能力を持っていたからなのです。
　日本でも当時、ダイ・バーノンという名前を知らない奇術家・奇術師はいなかったでしょう。私たちにとって、彼は『あこがれ』であり、ある意味『神様』のような存在でした。カード奇術が好きな私などは、「どうして、あのような作品が考案できるのか？そのような技法が成立するのか？」など結論のない想いをめぐらしていたものでした。
　そのダイ・バーノンを『感心』させた青年が日本にいると聞きました。『神様』を感心させ、「天才」と言わせた奇術とはどのようなものなのかを知りたくて、情報を集めるべく努力しました。しかし、当時（1970年代初頭）の情報の媒体といえば『読み物』が主流で、画像などまだ普及しておらず、8mm映像があるくらいでした。私は1978年に、はじめてアメリカに行くまで、『動く』バーノンを見たことがなかったのである。
　とにかく、細い情報の糸を手繰り寄せて、知ることができた憧れの人物の名前が『さわ・ひろし』さんであった。
　当時、青年であった澤氏のことを記録し、広く世間に知らしてくれたのが加藤英夫氏である。彼はバーノンと澤の初対面の場に立ち会っていて、そのときの自分の体験を奇術雑誌（同人誌）に書いてくれていたのであった。バーノンは澤の奇術に『感心』したというより『感動』を憶えたこと。当時の欧米追従主義であった我々の奇術観とは異なる世界を澤は持っていたこと。何よりも澤は私たちに、未来ある『夢』を与えてくれていたのであった。この青年澤とバーノンの出会いについての記事は加藤氏の感動的な文章を、ぜひお読みいただきたい。

澤の奇術へのアプローチ
　澤氏の奇術へのアプローチの仕方には独特のものがある。例えば『ロープ』という素材に向き合った（彼は、ロープ奇術については『ロープという素材』分析から始めたと言っている）ときの彼の頭の使い方は、
　① 『現象』から入る。
　② 『在来の奇術』のバリエーションを演出面で考える。
　③ 『原理』や『技法』からのアプローチ。
　④ 『面白い！』と突然浮かぶ。
　⑤ 『即席に見せる』工夫。

⑥　トリックのメイン部分の『隠し方（カバーの仕方）』の工夫。
⑦　ミスディレクション・サトルティの工夫。
など多義に渡ることを、半ば自動的に行っているようだ。

奇術の学び方
　文章という媒体は、イマジネーションを膨らませるものである。わずか数行で書かれた解説文は指先・手先・腕・足などのそれぞれの動きは表せても、演技者のちょっとした動き・雰囲気・顔つき・目の動き等々、全体を伝えることは不可能である。
　ただし、文章による奇術の学習の特長として『自分のものにしやすい』ということがある。最初から少ない情報を元に想像を膨らませ、自分のあらん限りの頭脳を使って、組み上げていくしかないのだから、『自分流』にしかならないのである。何人かの奇術家がある奇術の『現象』『解説』を読んで理解した後、それぞれの演技を見せてもらうと、嬉しいことに必ず『どこか違う（異なる）』ものである。
　これに対し、画像でまなんだ（真似んだ）人は、そこに映っている先生と『同じ』動き・ことば・態度でマスター（？）しようとしてしまう。これは面白くないことである。面白くはないが、画像は奇術師の『動きの分析』などには適していると思う。例えば昔、Slydiniについて十数ページを費やした懇切丁寧な解説書を、数日を労して理解しようとした努力が、数十秒間のビデオを見ることに敵わなかった体験をしたことがある。
　何よりも読書の欠点は『時間がかかる』こと、すなわち『面倒』なのである。そして、文章は読者その人の草子の深さだけしか読み取れないものであるということ。読んで、自分なりの工夫をする者のみが『できるように慣れる』のであろう。
　この書を解読して、自分なりの『澤浩のロープ奇術』を理解することが重要であると思う。

この本の読み方
　この本は、澤浩氏のロープ奇術を多くの方々に、ご紹介したいと考えて書いたものです。
　彼の奇術の多くはスライハンドを使い、巧みなミスディレクションを使うため、その習得には長い時間と根気が必要である。
　私の未熟な文章力では、残念ながら澤氏の演技を皆様に上手く伝えることが出来ません。しかし『きっかけ』として、澤氏の奇術をご紹介するという役目ははたせるのではないかと考え、今日を迎えた。
　無限の素材を使う『サワ・ワールド』の中で、『ロープ』に限定したエリアの、またごく一部を見ていただいた上で、ご自分流のロープ奇術を作り上げ、いつか澤氏や私にそれを見せていただけることを楽しみにしている。

この本を読むときの注意
　澤氏は『左利き』なので、解説もそのようになっています。読者はその点に注意すること。

ロープ・マジックの基礎用語

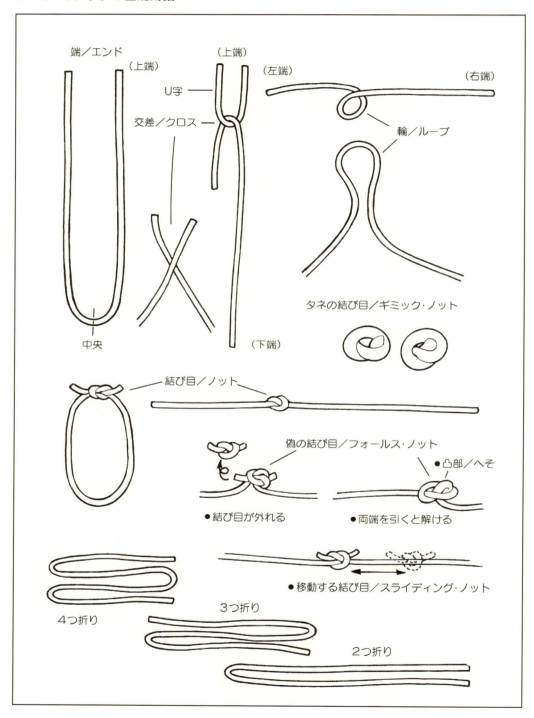

使用する『ロープ』について

1．ロープの材質
　奇術に用いるロープの材質には大きく分けて天然繊維と化学繊維の2種類あり、それぞれのロープの端（エンド）の処理をする場合の接着剤も異なってくる。
- アクリル系の繊維
　化学系ボンド（プラスチック用GPクリヤーかウルトラ多用途SU）が適している。
- 木綿繊維
　布用や木工用ボンドが適している。

2．ロープの編み方
　ロープの編み方にも種類があるが、奇術用には『スピンドル』と呼ばれている筒状に編んだロープが好まれている。
　一般用のロープは『芯』が入っているものが多く、『ロープ切り』や『結び目を作る』などの奇術には向かないものが多い。芯のないスピンドル・ロープは、手芸用品店などで入手できる。アクリル系は色数も多い。

3．ロープの太さ・色
　澤はその奇術において、ロープを観客に『はっきり』と見せるため、いろいろな『色』（カラフル）のロープを、また出来る限り『太い』ロープを使用する。
　一般的には、直径1cm以上の太いロープはほとんど販売されることが無いので、彼は特別な『オーダー・メイド』によって手に入れている。

4．ロープの端（エンド）の処理
　ロープ奇術において、その端の処理は重要である。『結ぶ・解く』あるいは『揃える』『すり替える』『きれいに見せる』『はっきりと見せる』などのためには、ロープの端を前もって処理しておくことが必要であろう。

ロープの端（エンド）の固め方
　① テープ止め：ロープの端にテープを2巻きした後、先端を切断して揃える。テープの材質にはセロハン、ビニール、ナイロンなどがある。
　② 接着剤止め：透明のボンドの普及で非常に使いやすくなった。澤はロープ先端のほつれ部分を筒状の中に折り込んで固めたり、先端を接着剤で固めたあと、切断して円柱形のフラットな状態にしたりする。用途によっては、ロープの直径より細く（接着剤で）固めたり、真円に固めて、ロープと同じ太さにしたり、外側に拡げてラッパ状にしたりする。

③ 端近くを糸で縛った上で先端部分をほぐしてフサを作ったりする。
④ 特殊な端：『ボール・エンド』と『ループ・エンド』は技法編14頁と19頁参照のこと。

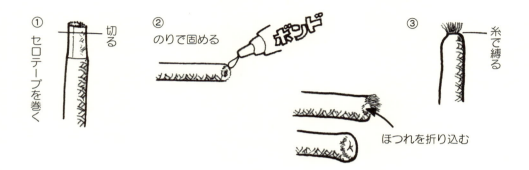

特殊なロープ
　澤は現象をかなえる上で、必要であれば特殊な材料を躊躇することなく使用する。次のような仕掛けは一般のロープ奇術にも使われているが、澤が使うものには、
① マグネット・ロープ：近年の磁石の進化発展はすさまじく、ネオジウム磁石の普及により、これからの発展が期待される。(例) UFOロープ
② ネジ込み・ロープ：ロープの端面にネジを埋め込む仕掛けを施したもの。オス・メス両端を捻って合わせると、ロープの捻りの戻りでネジが締まる。
③ プラスチック・ジョイント：ワンタッチで出来るジョイントを付ける。
④ スナップ・ピン：同じくワンタッチで付け外し（押し込む・引っ張る）が出来る。

使用する『ハサミ』について

　澤氏が住む岐阜県関市というところは、昔から刃物で有名なところである。
　ロープ奇術、中でも『ロープをカット（切る）する』ために使用する『鋏（ハサミ）』や『ナイフ』については、スムーズに手順を進めるためには重要なアイテムだと考えている。

　澤氏が実際に使っているハサミは、全長16〜20cmのもので観客がハサミであると認識しやすい『光る』もの。
　その先端は安全のために、『丸めて』おく。先端部分の方がよく切れるものが良い。

ポケットへのハサミの『しまい』方

1．ズボンや上着のポケットにハサミを入れるときには、ハサミの先端を人差指で押さえ（写真1）、『そっと』入れる（写真2）。強く押し込んだり、投げ入れたりすると、ポケットに穴が開いたりするので注意が必要。

2．シャツの胸ポケットにハサミを仕舞う時は、ハサミのハンドルから指を抜いて、ハンドルの方からそっと入れる（写真3）。

　場合によっては、ナイフを使用することもある。また、人差指と中指を伸ばし『チョキ』の形をつくり、パントマイムで『指バサミ』（シザーズ・ハンド）を使うこともある。

写真1

写真2

写真3

技法編

澤浩のロープマジック―――技法編

澤のループ・エンド

◆◆◆◆◆◆◆

　『ループ・エンド』とは、ロープの両端が小さな輪（ループ）になるように縫い付けておくことである。もともと運送屋で使われていた方法で、荷台の側面に付いているフックに引っかけて使いやすくするために利用されていた。
　ロープの両端を、それぞれ直径5cm程折り曲げてループを作り、糸で縫い付けるか、接着剤で接着してつくる。

図1　のり付け

ループ・エンドの使い方
【準　備】
1．両端がループ・エンドの3色（赤、黄、緑）染め分けのロープ（接着剤で接着して作る。図2）を色境のところを夫々2つ折りにしてその両脇に同じ色のループ・エンドを置く（5cm程下にする）。色境のところを夫々5cm程手前に折り返してループを2つずつ4つ作る（図3）。こうして作ったループを『フォールス・ループ・エンド』と呼ぶ。

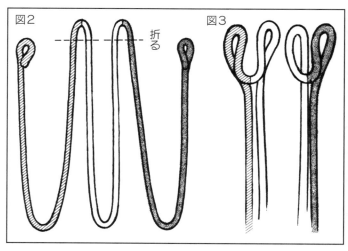

2．図2の状態のロープを揃えて、ループ・エンドの下を右手で持つ（写真1）。これで見かけは、両端がループ・エンドの赤、黄、緑のロープを1本ずつ持っているように見える。

澤のループ・エンド

【方　法】
1. 下記のようにフォールス・カウントして、3本がバラバラのロープであることを示す。
   - 右手の一番左にあるループ・エンド（赤）を左手で摘み、ループを開けて示してから（写真2a・b）、左手の人差指と中指でループを挟んで（写真3）両手を拡げて「1」

写真2a

写真2b

写真3

写真4

- 次に、今左手に取った赤ループを右手に戻しながら、左親指と人差指で赤、黄のフォールス・ループ・エンドとすり替えて（写真4）両手を拡げて（写真5）「2」
- 今度は、右手の一番奥（右側）にある緑の

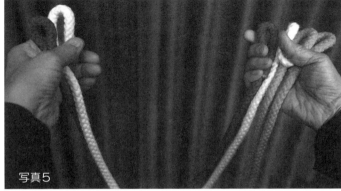
写真5

15

ループ・エンドを取り上げ、ループを開けて見せてから（写真6）左手の指先に持ち、両手を拡げて（写真7）「3」

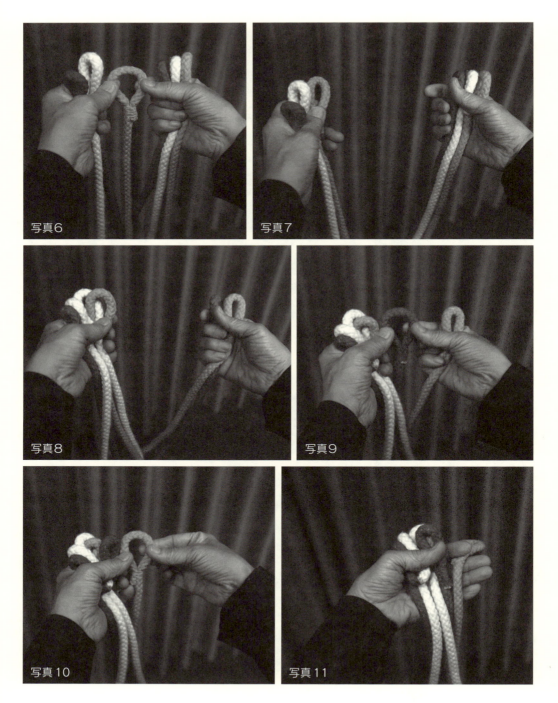

写真6
写真7
写真8
写真9
写真10
写真11

- 左手指先の緑ループと右手の黄と緑のフォールス・ループ・エンドと取り替えて（写真8）「4」
- つづけて、赤のループ・エンドを持ち、開けて見せてから（写真9）取り上げて「5」
- 残っている緑ループを開けて見せて（写真10）、このループを左人差指と中指で挟んで（写真11）、「6」というように、ループ・エンドを1つずつ示しているようにカウントする。ループを開けて見せるところでうまく『間』をつくって数える

2．左手の人差指と中指とで挟んでいる緑のループ・エンドをしっかり持って、残りの部分を左前方に投げ出し（写真12）、赤、黄、緑の3本が繋がって1本になったことを示して終わる（写真13）。

写真12

写真13

澤浩のロープマジック―――技法編

澤のベンド・エンド
◆◆◆◆◆◆◆

　澤の考案した『エンドの原理』には、もう1つベンド・エンドというものがある。
　これはロープの端を2cm程折り曲げて接着剤で固めたもので（図1）、前述のループ・エンドの場合と同様に、2つ折りにしたロープの折り目のところを2cm程折り曲げると、2つのフォールス・ベンド・エンドができて（図2）両端のベンド・エンドと揃えて持つと、2本のロープを持っているように見える。

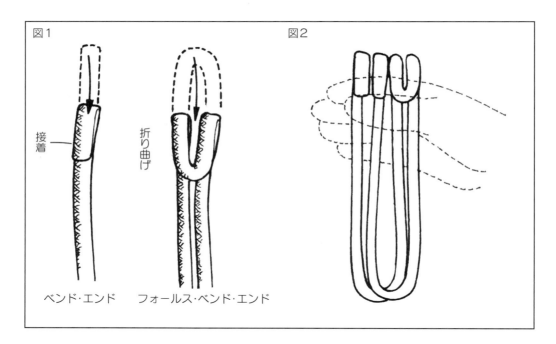

澤のボール・エンド

◆◆◆◆◆◆◆

　澤はロープ奇術の創作の初期においてループ・エンドをよく使っていた。しかし、後期になって、このボール・エンドの応用範囲の広さが分かり、以降こちらを多く使用するようになった。

1．ボール・エンド（本当の結び玉）
　ロープの端を本当に結んで結び目を作る。接着剤を付けて結び目を固めてしまうことが多い。

2．フォールス・ボール・エンド（偽の結び玉）
　ロープの結び目の両側を引っ張ると、結び目が消えてしまう結びで、1本のロープを2本とか3本に見せたりするときに使う。次のようにしてフォールス・ボールを作る。
- ロープを2つ折りにして中央を見つけ、中央より少し左側のところを右手で持って（写真1）左手でロープを捻りループを作る（写真2）。そのループの向こう側から下部のロープを折り曲げて押し込み（写真3、4）、ヘソのようになっているところを整えな

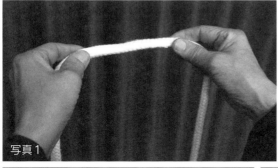
写真1

写真2

写真3

写真4

澤浩のロープマジック――――技法編

がら、ループをしっかりと締めて、フォールス・ボールを作る（写真5、6）。
- 今できた結び目の右側に近接して、もう1個のフォールス・ボールを作る（写真7）。2つのフォールス・ボールはくっ付いた状態で、同じ向きになるように調整する（写真8）。

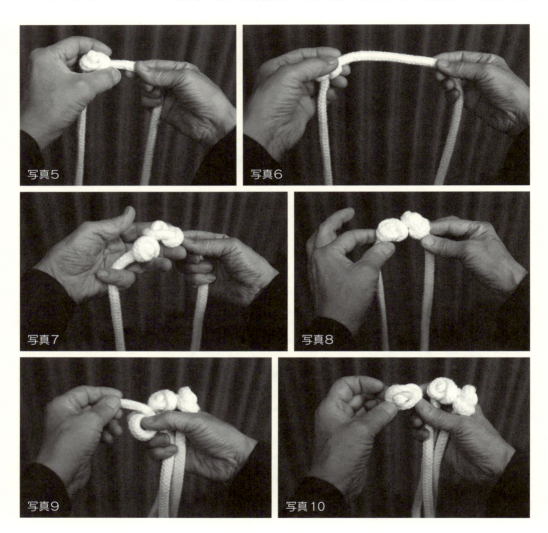

3．フォールス・ボール・エンドの使い方の一例

- 両端のボール・エンドは、フォールス・ボール・エンドと同じ結び方でへそを作って結び（写真9、10）、ロープ中央の2つのフォールス・ボール・エンドの両側に両端のボール・エンドを置いて右手に持つ。
- 左手で一番左側のボール・エンドを持って（写真11a・b）、両手を拡げて「1」
- 今左手に取ったボール・エンドと右手の2つのフォールス・ボール・エンドとをすり替えて両手を拡げて（写真12）「2」

澤のボール・エンド

- 左手で右手からボール・エンドの1つを取って両手を拡げて（写真13）「3」このとき、今取ったボール・エンドのヘソを左手の親指で押し戻して結びを緩めておく。
- 右手に残っているボール・エンドを示して（写真14）「4」
- 右手の親指でヘソを押し戻して結びを解きながら、左手に持っているロープ中央の2つの結び目を放し、両手を勢いよく拡げて全てのボール・エンドを消し、1本に繋がったことを示す（写真15）。

写真11a

写真11b　写真12　写真13

写真14　写真15

澤浩のロープマジック―――技法編

解かない解き
◆◆◆◆◆◆◆

　トニー・スライディーニが彼の『結べないシルク』において、使っている技法である。

1．解こうとするロープの結び目を右手の中に入れる（写真1a・b、2）。

写真1a

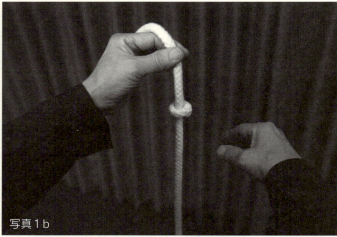
写真1b

2．結び目の上のロープに左手を逆手で、親指（前方）と人差指（手前）を当てて持ち、ひと捻りしてループを作って右手の親指で押さえる（写真3、4）。

3．このループを本当の結び目に見せて、ループの先端をゆっくりと左手で引き出していって解く動作に見せる（写真5、6）。

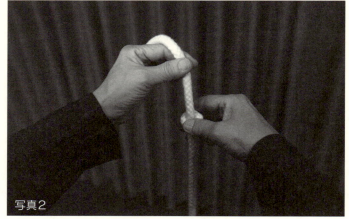
写真2

　結び目は右手の中に残したままである。

※　本当にロープの結び目を解いてみて、それと全く同様の動きをすることがコツ。

解かない解き

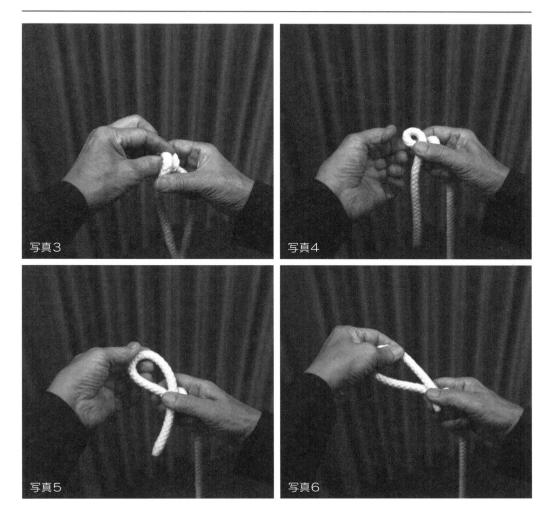

澤浩のロープマジック────技法編

結び目を解くと見せてもう1つ
◆◆◆◆◆◆◆

　結び目を1つ解くと見せて2つの結び目を作る方法である。
1．解こうとするロープの結び目の下を左手で摘んで2つ折りにしてループを作り（写真1）、右手で結び目と垂れている2本のロープを持つ。

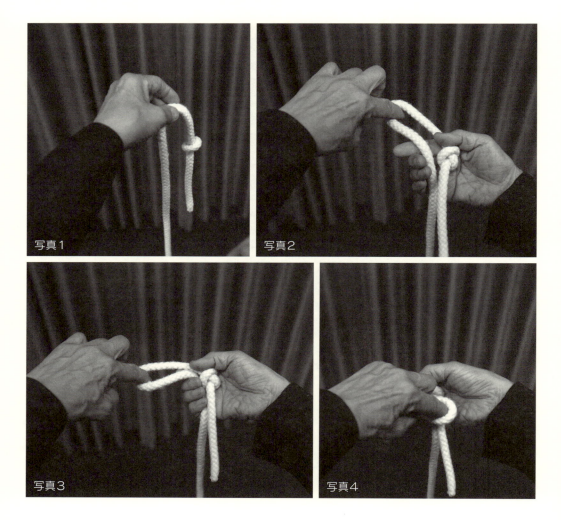

　左手の人差指をループに引っ掛けて右の方にスイングさせ（写真2、3）、ループの中に結び目のある方の端をループ状で摘み入れる（写真4、5）。

結び目を解くと見せてもう1つ

写真5

写真6

2．左手のループを起こし、右手のループに添えて、結び目を解いているようにループの中からロープの端を引いていって、新しい結び目を作る（写真6〜9）。

3．右親指と人差指で新しい結び目を最初の結び目に被せたら（写真10）、左手親指と人差指で最初の結び目を掴んで、新しい結び目をくぐらせて引き出し（写真11）、右手で新しい結び目を締めながら握り込む（写真12）。

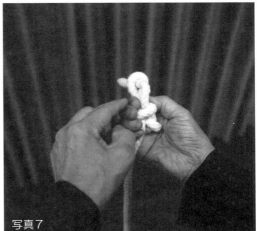
写真7

写真8

写真9

澤浩のロープマジック───技法編

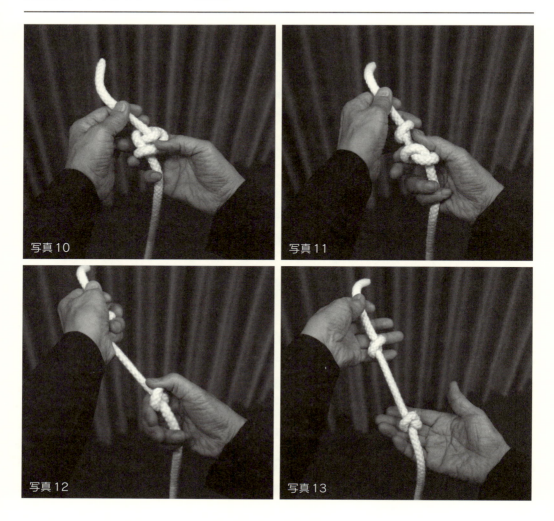

　これで左右の手の中に1つずつの結び目がある（写真13）。

26

結ばないで結ぶ
<プッシュ・イン・コネクト>
◆◆◆◆◆◆◆

　ロープを結ぶ動作なしで結んでしまう技法である。次項のスライディング・ノット（29頁参照）で結んだロープを解くと見せて、実際には結び目を少し緩めて、直線になっている方を引き抜いてロープを解いたように見せ（次項スライディング・ノット、写真8～12）た後につづけて行う。

１．右手は、ループ状になった結び目をパームした状態で、ロープの端を持ち、左手は他の端を持っている（写真1）。

２．左手のロープを右手のロープの結び目の上に重ねるように置き（写真2）、すぐに右手の親指の先で結び目の中に重ねたロープを押し込む（写真3）。

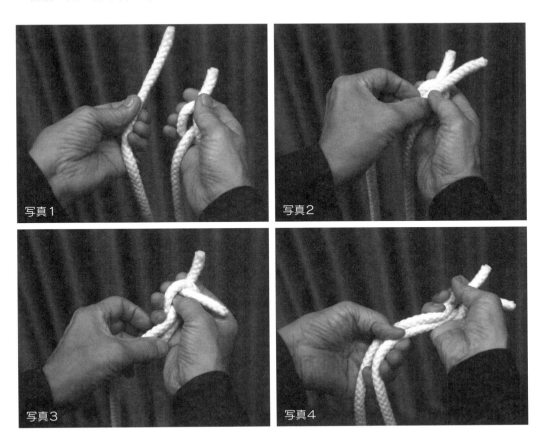

3．右手で結び目を握って、結び目のあるロープの先端を親指と人差指で掴み、左手で延長線上のロープを持って（写真4）、前後に引っ張り結び目を締める（写真5、6）。

写真5

写真6

4．左手でロープを扱いてロープを折りたたみ、空中に投げ上げ、ロープが空中で結ばれて輪になったことを示す。または、片端を保持して投げ出し、2本のロープがいつの間にか結ばれて繋がっていることを示す。

　この技法は『ボニーとクライド』（199頁）や『ランバダ』（255頁）で使っている。

スライディング・ノット
◆◆◆◆◆◆◆

　ロープの2つの端を結び合わせるときに、一方の端を他方の端に巻き付けて（1回り）、それを結ぶことによってできた結び目が、他方の端を伝わって滑って動かせる結び目になることからスライディング・ノットと呼んでいる。
　前項の『結ばないで結ぶ』（プッシュ・イン・コネクト）を初めとして、このことを利用した多くの奇術が考案されている。

1．ロープの両端を夫々左右の手に持つ。
　左手のロープの先端を少し長めに持ち（写真1）、これを右手のロープの端の上に交差させて置く（写真2）。

2．交差させたところを左手の親指で押さえてから、左手のロープの端を右手人差指で下方へ曲げ（写真3）、右手のロープに巻き付けて小さなループを作る（写真4、5）。

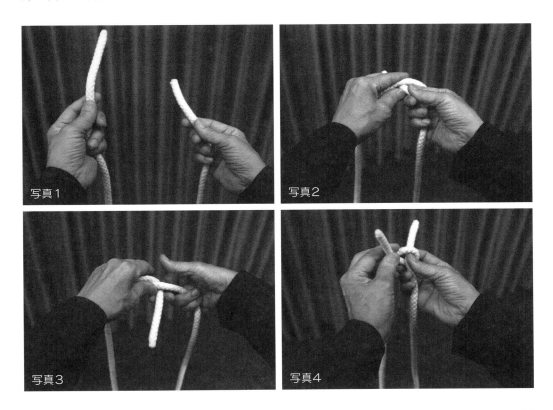

澤浩のロープマジック――――技法編

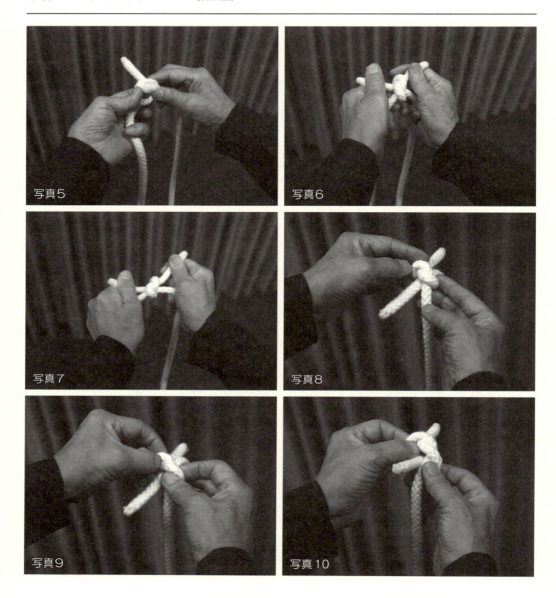

3．そのループの中に先端をくぐらせて結び（写真6）、ロープの両端を両手の指先でしっかりと持ち、右手の親指と人差指で持っている端と、左手の中指、薬指、小指で持っている端を引っ張って締める（写真7）。

スライディング・ノットの特性を利用すると、一方の端に結び目を残したまま、結び合わせた両端を解いて離したように見せることができる。

1．結び目（スライディング・ノット）を両手の指先で持ち、結びを緩めていく（写真8、9）。

スライディング・ノット

2．ある程度緩めたところで（写真10）、結び目を右手に持って親指で押さえ、左手で他の端を持って（写真11）結び目から引き抜いて両手を離す（写真12）。

写真11

写真12

この後、前項の『結ばないで結ぶ』（プッシュ・イン・コネクト）につづける。

U字で絡めたロープの結び方

◆◆◆◆◆◆◆

　長いロープに絡めたU字型の短いロープの結び方には、短いロープを長いロープに巻き付けて結ぶスライディング・ノットと、結び目が外れて取れるセパレイティング・ノットの2種類の方法がある。

1．セパレイティング・ノット

1．短いロープを長いロープにU字で絡めたロープを左手に持ち（写真1）、2本のロープを持っているように見せる。

2．ロープの交差しているところを両手の指先で保持し、短いロープ左端（手前側）を左手、右端（向こう側）を右手の親指と人差指の指先で持つ（写真2）。

3．左手を前方に捻りながら、右親指を右端から放し、右端を長いロープにくぐらせて手前に持ってくる（写真3）。

U字で絡めたロープの結び方

写真5

写真6

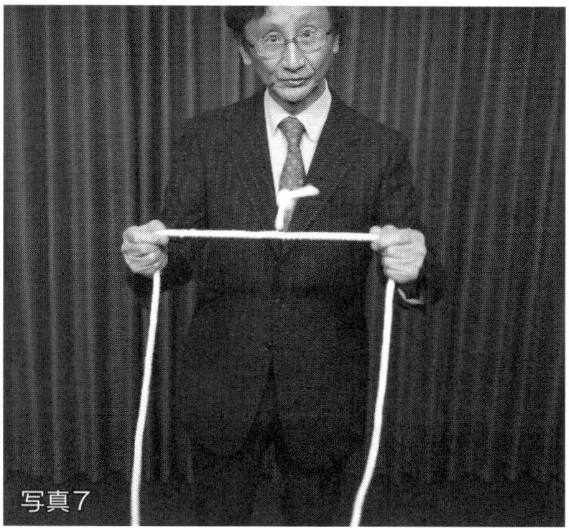

4．すぐに、右人差指の指先で長いロープの中央をループ状で手前に倒し、右親指でこのループを押さえたまま（写真4）、周りに短いロープを巻き付けて結ぶ（写真5）。

　以上の操作のとき、写真4の状態の後、ロープをちょっと捻って写真6のようにロープの端を1回絡めたように見せることがポイント。

　結び目のヘソの部分を整えておく。

5．この後、結び目の両側を左右の手に持ち、両手を左右に勢いよく拡げて、結び目を空中に飛ばして（写真7）、ロープを抜きながら結び目をパームして、ロープを1本にしたりする。

写真7

2．スライディング・ノット

1．短いロープを長いロープにU字で絡めたロープを左手に持つ（写真1）。

2．右手を添えて、交差しているところを両手の指先で持ち、交差しているところを捻りを掛けて示してから（写真6と同じように見える）、短いロープの両端を結んで長いロープに結び付ける。長いロープに巻き付いているだけの結び目（短いロープ）は、前項のスライディング・ノットと同様に、移動は自由。パームしたり、そのまま抜き取ったりすることもできる。

澤浩のロープマジック————技法編

フォールス・ノット
◆◆◆◆◆◆◆

　フォールス・ノットとは、しっかり結んだように見せて、簡単に解いたり、取り外したりできるための結び目やその行為の総称である。

1．プッシュオフ・ノット

　結び目のヘソを親指で押し込むことによって解くことからこの名が付いた。両端を引き合うことでも簡単に解くことができる。

　『にほんのロープ』（247頁）などのフォールス・ボール・エンドの消失などに使われる。

親指でヘソを作る：
1．ロープを両手で持ち、親指と人差指の先でロープを掴む（写真1）。

2．右手を手前、左手を前方から右手に近づけてループを作り（写真2、3）、交差しているところを右手の親指と人差指で押さえてから

写真1

写真2

写真3

写真4

フォールス・ノット

写真5

写真6

（写真4）、左手をロープから一旦放し、手前からループに潜らせて、左側のロープを引き出し（写真5、6）、両手で左右に引いてループを絞めていく（写真7、○の中の図はこのときのループの状態）。

3．右手の親指で図の▲印のところをループの中に押し込みながら、更にループを絞めて（写真8）結び目の形を調整する（写真9、10）。

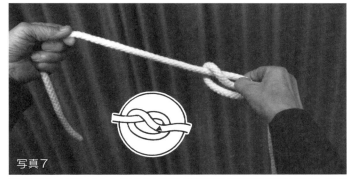
写真7

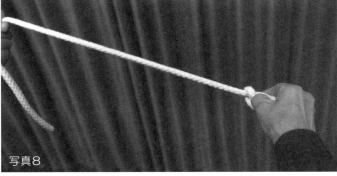
写真8

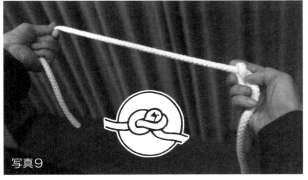
写真9

写真10

澤浩のロープマジック――――技法編

人差指でヘソを作る：
1．ロープを両手で持ち、親指と人差指の先でロープを掴む。右手を手前から、左手を前方から近づけながら（写真11）ループを作り、交差しているところを右手の親指で押さえる（写真12）。

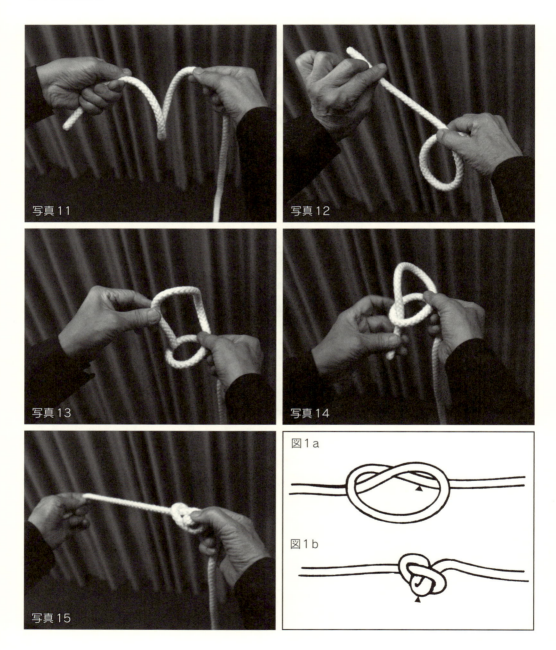

写真11
写真12
写真13
写真14
写真15
図1a
図1b

2．左手で掴んでいるロープの左端を上からループに潜らせて下に引き出し（写真13、14）、両手で左右に引いて結びを絞めていく（写真15）。このとき、右手の人差指で交差しているところ（図1aの▲印）を向こう側から手前に押し込んでヘソを作って締めていく（図1b）。

3．右手の親指で結び目の形を整える。

２．ムービング・ノット

　『ロープ上の結び目を動かす』というムーブはすでにオランダのフリップなどが使っているようである。しかし、これは指を結び目に差し入れてロープ上を滑らせて見せる、『動作そのものを観客に見せる』というものであった。
　澤の発想は、この基本原理を利用して秘密裏に行うロープ奇術の技法として使用することであった。

ムービング・ノットの基本原理：
1．上端が上に重なるようにループを作り、上端を下からループに潜らせて結び目を作る（図1）。ロープの結び目の方向が重要である。

2．右親指と人差指でロープの上端を持ち、結び目を左手に置いて、結び目の下から左小指をループの中に差し込む（写真1）。

3．左手で軽くロープを掴んだまま右手を前方に動かす（写真2）と、左手の小指のフックを支点にして結び目がずれてい

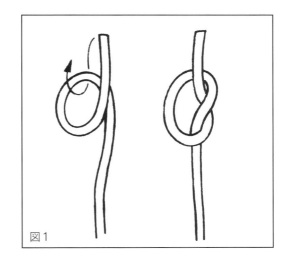

図1

写真1

写真2

澤浩のロープマジック————技法編

き、結び目の状態のままで位置を変えていく。扱きを止め、結び目から左小指を抜いて結びを締め（写真3）、出現する。

応用：
4．右手に隠し持っていた結び目を左手にパスして軽く握り、ロープを扱いているように見せて上記のムーブで結び目を隠したまま移動していき（写真4、5）、忽然と結び目を現わすこともできる（写真6）。

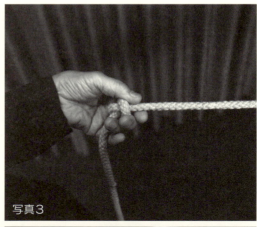
写真3

写真4

写真5

写真6

フォールス・ノット

3．キー・ノット

　澤が仕掛けの無い普通のロープで行うリンキング・ロープに使う技法である。キー・リングのキーの部分がロープの輪を入れる瞬間、パックマンのように口が開き、次の瞬間には閉じるため、この操作を『パックマン・ムーブ』と呼んでいる。

1．ロープの両端を左右の手に1つずつ、左手の端の方が長くなるように持つ（写真1）。

2．右手のロープの上に左手のロープを交差させて置き（写真2）、左手の親指で右手のロープを下から少し押し上げて、凸形に持ち上げる（写真3）。

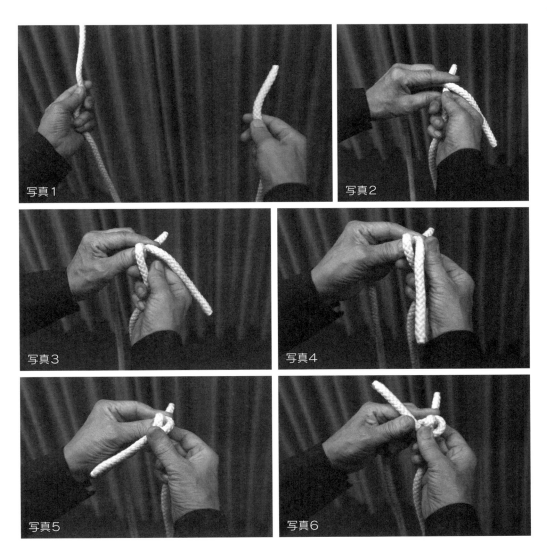

写真1　写真2　写真3　写真4　写真5　写真6

39

3．その凸形の部分の周りに、左手のロープを右親指で巻き付けはじめる（写真4〜6）。このとき、凸部が崩れないように右中指の先で補助しておく。

4．ロープを一周りしたところで（写真7）、このロープの先端を今巻き付けたループの中に下から通す（写真8）。

5．通したロープの端を右手で持ち、左手でそのロープの反対側を引っ張ってループを締める（写真9、10）凸部（ヘソ）が出っ張らないように調整すること（写真11）。結び目は

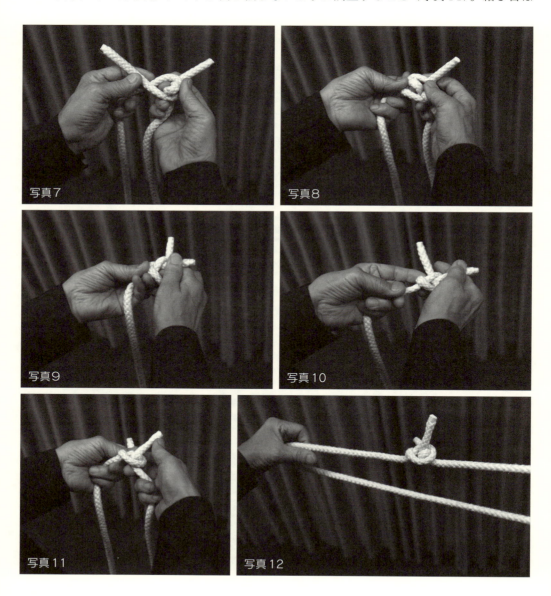

フォールス・ノット

不自然な形なので、ヘソの部分は観客の視線から避けること（ヘソは小さく作り、手前に向ける）。

6．両端を結んで輪にしたロープを、結び目が上になるようにして輪の状態で両手で握り、輪をピンと張って（結び目に力がかからないように、下のロープにのみ力をかけて張る）、しっかり結んであることを示す（写真12）。

写真13

写真14

パックマン・ムーブ
キー・ノットの開け方：

7．結び目に左手を当て、凸状に曲がって結び目の中に入っているヘソの延長線上の2本のロープを左人差指と中指の先で挟み、親指をヘソに当てて持つ（写真13）。

8．左親指の先でヘソを押し出して（写真14）、結び目からヘソ部分を外して結び目を開く（写真15）。親指は結び目の中に入れたまま。ヘソ部分は左人差指と中指で挟んで保持する（写真16）。

キー・ノットの閉じ方：

9．左手の人差指と中指で挟んでいるヘソ部分を、左親指で保持している結び目のところに戻してきて（写真17）、素早くヘソ部分を結び目の中に押し込んで、結びを締めて元の状態に戻す（写真18〜20）。

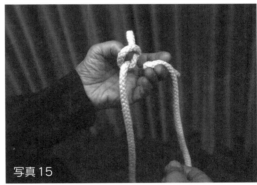

写真15

写真16

澤浩のロープマジック————技法編

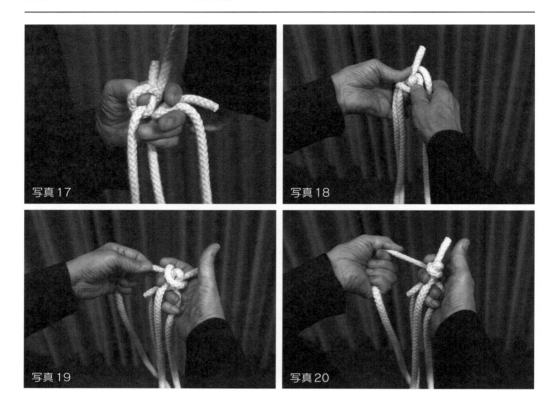

写真17　写真18　写真19　写真20

キー・ノットの使い方の一例：

1．3本のロープを示し、1本ずつロープの両端を夫々結んで、まず2つの輪を作って右腕に掛けておく。次に、3本目のロープで同じように端を結んで輪を作ると見せて、キー・ノットで結ぶ。

2．写真13のように、3つ目の輪のキー・ノットを左手で持って右手を放す。
　右腕を上げて観客に腕に掛けている2つの輪を示し、その2つの輪をキー・ノットを持った左手で取りに行くときに右腕の陰でキーを少し開いて、2つの輪に通してしまう。

3．キー・ノットを閉じながら、3つの輪を一緒に握って体の正面に持ってくる。素早くヘソ部分を結び目の中に押し戻し、結びをギュッと締めておく。

4．3つの輪を一緒に片手に持ち、体の正面で腕を伸ばして揃える。そして、キー・ノット以外の2つの輪のうちの1つを親指と人差指でしっかり持ち、他の2つを放して、3つの輪の連鎖を見せる。

4．天海のフォールス・ノット

　澤は石田天海師を常々『名人』と言っている。天海の名人たる由縁は、奇術の上手さはもちろんのこと、動作の見え方、表現のディテールに至まで実によく研究していたという。
　たとえば、結び目が1つあるロープを観客に示す。2つ折りにし（逆U字型にした）、ロープの折り曲げ部分を持って、結び目を強調したいとき、①ロープは定位置で動かない。②結び目のみ振り子のように動かす。ようにしなさいと言っている。
　このようにすると2,000人も入る劇場の一番後方の席からでもロープの結び目が分かるのである。

1．ロープの中程を右手指先で持ち、左手はロープの一方の端を指先で持つ。

2．左手でロープの輪を作って右親指で輪の交差点を押さえて持つ。
　左手はロープの端を左の方に引いていって観客の注目をロープの端に集め（写真1）、右手のループから意識をそらせる（ミスディレクション）。

3．左手のロープの先端を右手のループの中を手前から観客側に向かって通す。

4．結び目が崩れないように右手で保持し、左手でロープを引いてヘソを作りながら結び目を絞って固めていき、結び目のヘソ部分が小さくなるように（天海はヘソを潰すと表現した）調整する（写真2）。
　観客に結び目を示すときは常に『ヘソを手前にする』こと。すなわちヘソを観客には見せないようにすること。

5．天海はしっかりと結び目ができたことを示すため、腕に力を入れてロープを引っ張るジェスチャーをよく行っていた（写真3）。

写真1

写真2

写真3

澤浩のロープマジック―――技法編

天海のフォールス・ノットのバリエーション：
　澤は天海から習ったフォールス・ノットに小さな改良を加えることによって、結び目を作る作業が大きな表現になるようにした。
　それは、天海がループの中にロープの端を通すとき、ループを水平に持って、ロープ投入を縦（下方に）に入れる動作であるのに対し、澤はループを端が通るところをはっきりと見せる方法にしたところである。

１．左手にロープの一方の端を持ち、右手でロープの中程を持つ。
　左手のロープを捻りながら右手の方に持っていって

写真1

写真2

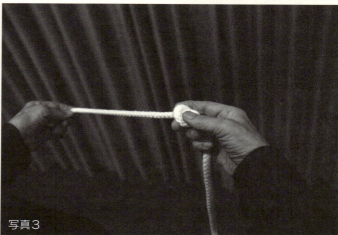
写真3

写真4

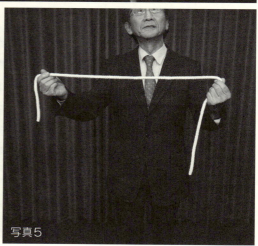
写真5

フォールス・ノット

ループを作り（写真1）、交差点を右親指と人差指で保持して、左手のロープの先端を右手の輪に手前から通す（写真2）。

2．輪を通したロープを左手で左の方に引っ張って、ヘソを作りながら結び目を絞って締める（写真3）。
　ロープを引っ張って結び目が固い状態であると示す。

3．結び目のヘソが手前になるようにロープを横に持ち（写真4）、生きを吹きかける仕草をしながら、ロープを引っ張って結び目を消してしまう（写真5）。

※ ロープを引っ張って結び目（フォールス・ノット）を小さく絞るとき、結び目を隠してしまってはダメ。観客から結び目はずっと見えていることが重要である。

フォールス・カウント

◆◆◆◆◆◆◆

数本のロープがバラバラでることを証明するために、1本1本数えているように見せるために行う技法。

1．スライド・イン・メソッド

カウントで、ロープのすり替えを行うとき、ロープを滑り込ませる（スライドさせる）ことから『スライド・イン・メソッド』と呼ぶ。2本のロープの場合について説明する。

1．中央に2個のフォールス・ボール・エンドを作ったロープを2つ折りにし、その左側に両端のボール・エンドを並べて右手に持つ（写真1）。

2．右手のボール・エンドを左手に1本ずつ取っていくように見せて、次のようにフォールス・カウントする。
- 左手でシングルを1つ取って左に動かし（写真2）「1」と数える。
- 左手にもう1つシングルをとり（写真3）「2」と数える。
- 左手のシングルの1つを右手のダブルの下に滑り込ませながら、それと入れ替えにダブルを取り上げて「3」

写真1

写真2

写真3

フォールス・カウント

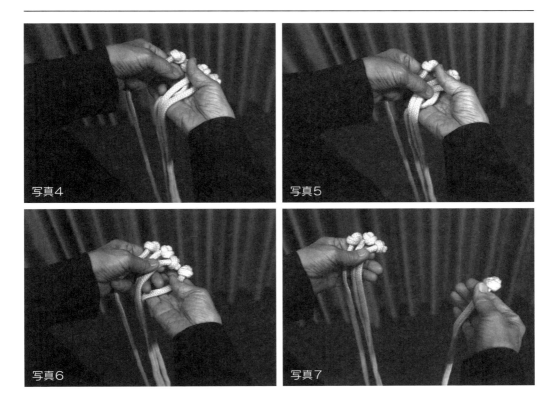

と数える（写真4～6）。
● 右手に残ったシングルを示し（写真7）、左手に渡し「4」と数える。

これらの動作の間、演者はやや右を向いて左手を前方へ動かしながら行う。

2．ドロップ・メソッド

長、中、短と長さの違う3本のロープが同じ長さの3本になった結果を確認するためのカウント。

1．長、短ロープがU字で交差した2つの端を右手のサム・パームの位置に、中ロープをその右側に並べて持つ（写真1）。観客側からは短いロープの2つの端と中ロープの端が見えている。

2．中ロープの上端を左親指と人差指で

47

澤浩のロープマジック―――技法編

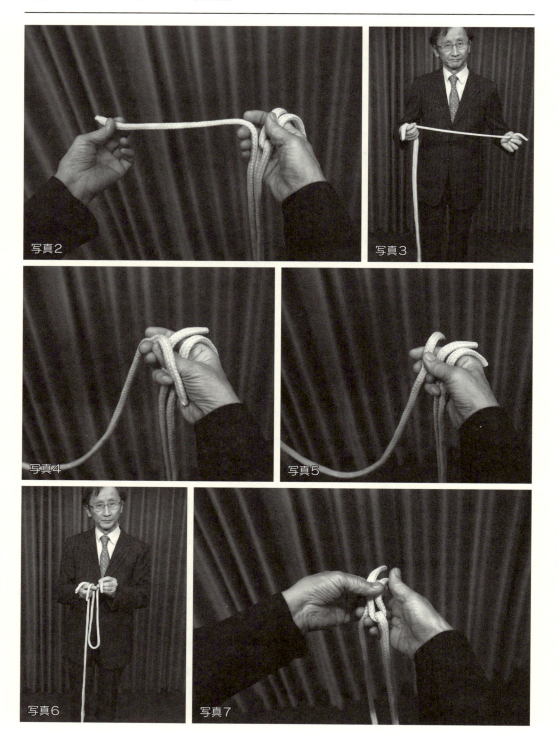

写真2

写真3

写真4

写真5

写真6

写真7

48

掴み、左の方に引いて（写真2）下端が右手の指先にくるまでロープを引き出して示す（写真3）。

　すぐに、右手の親指で中ロープの端をはね上げて持ち直し（写真4、5）、「1」と数える。ロープは両手の間に左右対称に保たれることになる。

3．左手に持っている1本目のロープの左端を人差指と中指の間に持ち替えて右手に近づけ（写真6）、持っている端を右手のU字交差ロープの下に滑り込ませながら、代わりにU字交差ロープを取ってくる（写真7）。このとき、右手の指先に持っている1本目の右端を放して落とす。

4．すり替えて左手に取った2本を左の方に動かす。このとき、垂れ下がっている2本のロープのうちの1本を右手の中指の先で引っ掛けたまま（写真8）、両手を拡げて2本目のロープとして示す（写真9a）。

写真8

写真9a

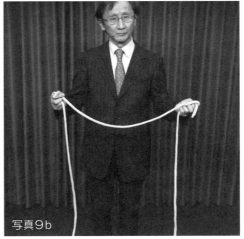

写真9b

　すぐに、右手の親指でロープの右端をはね上げて持ち直して（写真9b）、「2」と数える。ロープは両手の間に左右対称に保たれることになる。

5．左手で3本目のロープを取りに行きながら右手は2本目の右端を放して落とす。左手で3本目のロープの上端を持ったら、右手をロープ沿いに伸ばし（写真10）「3」と数える。

※ 上端を持って引き出すだけで行う普通のフォールス・カウントは、観客の視線がそこの集中するため、澤は『次のロープを取りに行くときにロープの端を落とす』というミスディレクションを加えた。

写真10

ハンギング・ムーブ

◆◆◆◆◆◆◆

　観客に長、中、短の3本のロープを1本ずつ示している間に、長、短2本のロープを交差させてしまう技法。

　ロープを手に『掛ける』ことからこの名が付いた。

1．長、中、短3本のロープを、右手の親指の付け根あたりに右から並べて持つ（写真1a・b）。

2．左手で短いロープを取り上げる。これはロープの中程を左人差指の上に掛けるように持つこと（写真2）。

写真1a

写真1b

写真2

写真3

3．次に、右手の長いロープを左手に掛ける。これは左手の平の中で、短いロープの左から右にクロスするように置く（写真3、4）。観客側からは2本のロープは平行に並んでいるように見える。

4．右手に残っている中ロープを左手に掛けに行く。このとき、右指先で短い

写真4

澤浩のロープマジック────技法編

ロープの手前側の端を掴み（写真5）、これを左手に掛けるように置き（写真6）、同時に左人差指で長いロープの上端を手の平の中に折り込む（写真7）。すると長いロープと短いロープが手の平の中でU字で交差し、短いロープの両端が左手指先に出ることになる。

写真5

写真6

写真7

5．右手は短いロープの端と中ロープの端を同時に放し、左親指は中ロープを押さえて持つ（写真8）。

写真8

写真9

6．左手に揃えて持った3本のロープの上端に右手を下から当てて親指で押さえて持つ（写真9）。
　　左手でロープを揃えているような仕草で、長いロープを摘んで（写真10）、右親指の付け根に押し込んで（写真11）3本のロープを図1のような状態で揃えておく。

7．この後、垂れている3本のロープを左手でまとめて掴み、左の方に持ち上げてから、長、中、短と1本ずつ指先から放してカウントしてもよい。

ハンギング・ムーブ

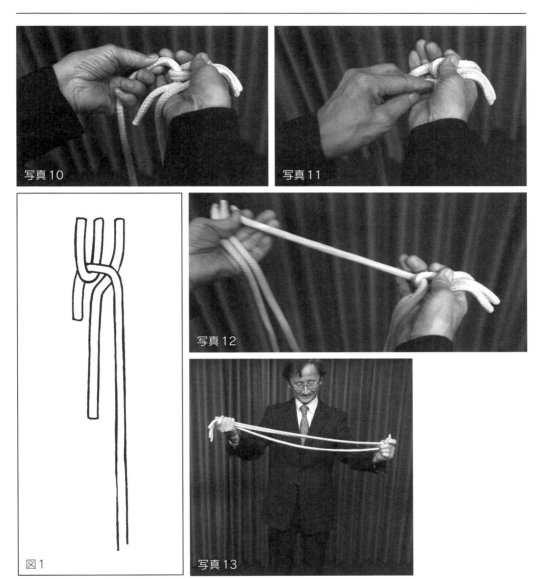

写真10

写真11

図1

写真12

写真13

8．3本のロープの奇術に続けるために、左手で長いロープの下端、中ロープの下端、短いロープの下端を一緒に受け手で持ち（写真12）、左右に腕を伸ばして同じ長さの3本のロープにする（写真13）。

※ 写真5～8での端のすり替えをカバーするためのロープを動かす方向、角度に注意すること。

澤浩のロープマジック―――技法編

ロープの両端の改め
◆◆◆◆◆◆◆

　ロープに何も仕掛けがないという風に『改める』動作のときに、右手に握っている結び目を左手にパスする動作。

1．ロープの片方の端近くに結び目がある。ロープの結び目を右手に握って、下に垂れているロープを右手に巻き上げて持つ（写真1）。

2．右手の巻き上げているロープを放して垂らし、すぐに左手をロープに受け手で当て、人差指と中指の間で挟んでロープに沿って下げていき（写真2）、端近くまで来たら左手でロープの下端を持ち上げる（写真3）。

3．左手を右手に近づけて、右手のロープの端を左手の親指と人差指で摘み（写真4）、結び目を左手の中に移す（写真5）。そうしながら、左手のロープの端を右手の人差指と中指に挟んで取る。

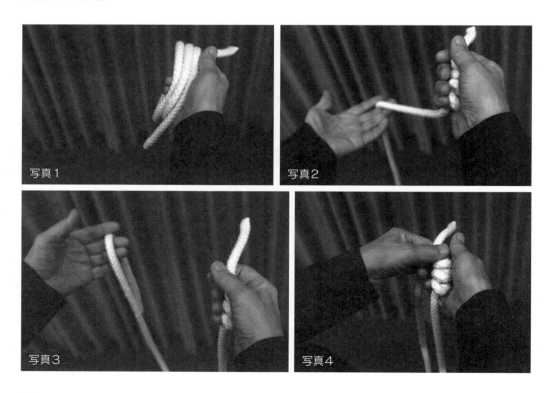

写真1　写真2
写真3　写真4

ロープの両端の改め

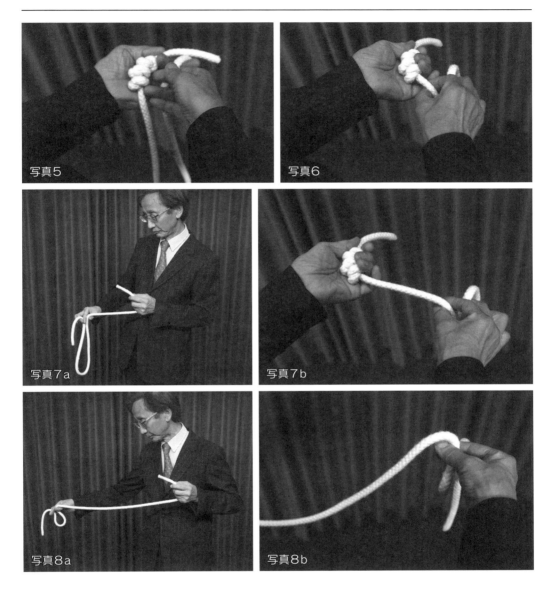

写真5　写真6　写真7a　写真7b　写真8a　写真8b

4．左手を上げながら、右手はロープの他の端を人差指と中指に挟んだまま、左手の結び目の下のロープを親指と人差指で掴んで（写真6）下方に扱いていく（写真7a・b、8a・b）。

5．最後に右手のロープを放し、手に何もないことを示す。

　以上の一連の動作で、両手で交互にロープを扱いて何も仕掛けがないことを示したように見える。

奇術編

澤浩のロープマジック―――奇術編

ビヘ!?

　おそらく、読者も『ビヘ』って何？と思ったでしょう。私もタイトルを先に知ってから『ビヘ』って何ですか？と訊ねました。「ヘビの逆読みです」と言う説明を受けたところで、納得がいかない。「まあ、やってみましょうか」と言って見せてもらったのがはじまりでした。
　果たして、演技を見ているうちに何となく、その世界に踏み入ってしまい、次第にユーモアに包まれた不思議な世界である『澤ワールド』に引き込まれていくだろう。

【現　象】
　「今からイメージの奇術を行います」と言いながら、ペーパーバッグを取り出す。「これはペーパーバッグに見えますが、実は動物の巣です」
　バッグの中から１本の白いロープを取り出して「これは蛇です」と言う。ロープに仕掛けがないことを示してから、ロープを巻いて丸め「蛇がとぐろを捲いています」と言ってそれをバッグ（巣）の中に戻す。
　蛇の頭を持って、バッグの中からロープを引っ張り上げると、ロープに３個の結び目ができていて「どうも卵を産むようです」と言う。
　それから、ロープを片手で持ち、「卵を産みそうな蛇です」ロープを逆さに持って「このように逆さに持つと、ビヘです」と言って笑わせる。
　もう一度ロープを巣（バッグ）に入れてから引き出すと、ロープから結び目が消えていて、バッグの中を見ると卵（結び目）が３個有る。
　ロープを『ヘビ』に見立てる演出の奇術である。ヘビに例えたロープを逆さにして『ビヘ』と言ったり、『卵』を見せるときなど、タイミングが重要である。楽しい演技を目指してほしい。

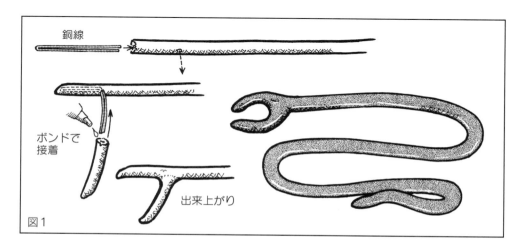

図1

【準　備】

1．1.2m程の白いロープ1本。片端を蛇の頭のような形に加工する（図1）。

2．ロープで作った卵。これは同じ白いロープで結び目を作り、接着剤で固めた（木綿のロープを使用して、木工用または布用ボンドで接着する）ギミック・ノット（以下卵と呼ぶ）を3個作る（図2）。

3．ペーパーバッグを用意し、その隅に3個の卵（ギミック・ノット）を入れその横にロープを8つ折りにして入れておく（図3）。

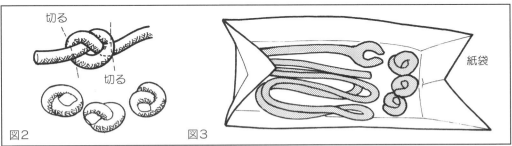

【方　法】

1．ペーパーバッグを持って登場し、テーブルの上に置く。バッグの中をのぞき中に何かいるようなしぐさをする（写真1）。
　左手をバッグの中に入れ、まず3個の卵を握り、折り畳んだロープを持ってバッグの中で、ロープを右手に渡す。左手は卵を持ったままでバッグの縁を持ち、右手でロープを持ってバッグから出し、中に何もないことを示すためにバッグを返して観客に見せる（写真2）。

2．バッグをテーブルの上に戻して置くとき、左手に持っている卵をバッグの中に落とす。

3．ロープを左手に、ヘビの頭を上にして持ち、右手をロープに沿って右方向に滑らせていき（写真3）、ロープを左右に拡げて示す。

澤浩のロープマジック―――奇術編

4．両手に持ったロープの中央あたりからバッグに入れ（写真4）、右手はロープを持ったまま、左手はロープから手を放してバッグの中にロープの頭の方を入れる。

次に、右手にロープを巻きつけていって、とぐろを巻いた蛇の形を見せるのだが、このとき、古い技法である『Any Number of Knots』（一度にいくつもの結び目を作る方法）で、次のように巻き付けていく。――左手で右手にロープを3回巻きつけていくが、巻きつける度に写真のように左手を返してロープを捻りながら巻いていく（写真5～9）。

最後にロープの端（蛇の頭）を右人差指と中指の間に挟んで持ち、左手の親指を右手に巻きつけたロープに手首側から差し入れて（写真10）、右手の3重のロープ全体を裏返す（写真11）。すると蛇の頭が上に出て、蛇がとぐろを巻いているように見える（写真12）。「これは蛇です。

写真3

写真4

写真5

写真6

写真7

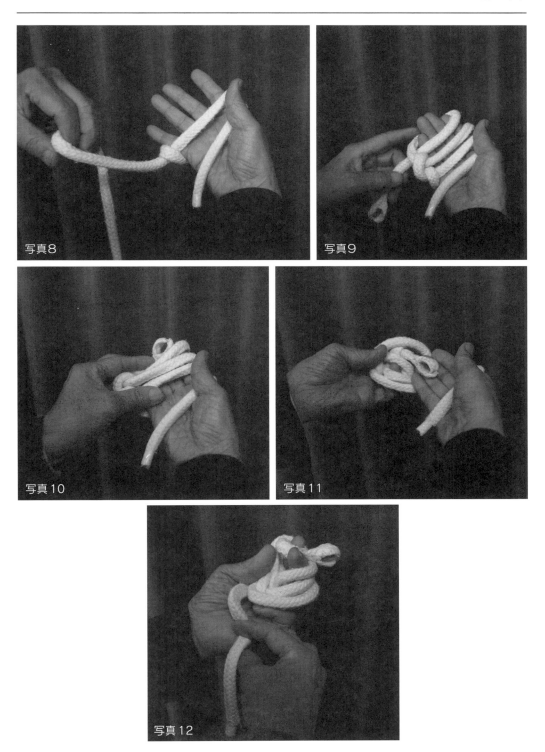

澤浩のロープマジック―――奇術編

写真13

写真14

写真15

とぐろを巻いています」と言う。

5．右手で蛇の頭を持った状態で動かさず、尻尾の方のロープを左手で左の方に引っ張りながら蛇のロープをバッグに入れ、バッグの中で結び目を1つずつ作っていく（写真13〜15。バッグは省略してある）。頭部をバッグの縁に掛けて左手の尻尾（端）をはっきりと示してから（写真16）、左手を放してバッグの中に尻尾を落とす。

6．「蛇が巣の中に戻って、しばらくすると」と言って、左手でバッグの縁の中程を摘んで口を閉じて持ちながら、右手で蛇の頭を持ってロープをバッグから引っ張り出す（写真17）。結び目が1つ出てきたら、「な

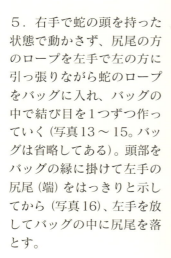
写真16

写真17 (?)

写真18

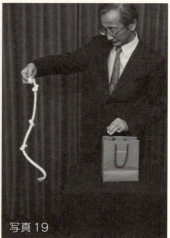
写真19

62

ぜかお腹が大きくなっていますね」と言う。そして続けて結び目を引っ張り出していく（写真18）。

7．引き出したロープを右手で揺らしたり（写真19）、両手で持って動かしたり（写真20）、飛びかかってくるように見せたりした後、逆さにして（写真21）、観客に持たせてから「蛇が逆さになっていますので、これはビへです」と言う（写真22）。

8．観客にロープを返してもらうとき、蛇の口で小指を挟み（写真23）、「注意しないと、このように噛まれてしまいます」と言って笑わせる。
　頭部を右側にしてロープを持ち、結び目を広げながら右手に通し、重ねなが

写真20

写真21

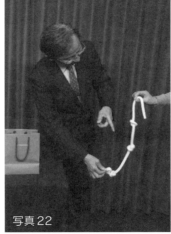
写真22

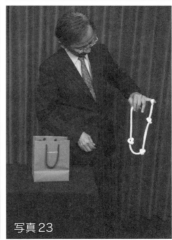
写真23

写真24

写真25

澤浩のロープマジック―――奇術編

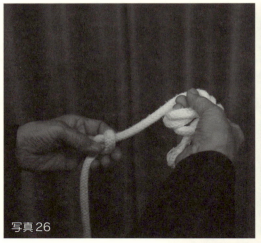
写真26

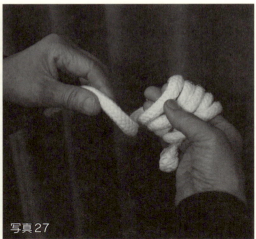
写真27

らロープを右手に巻いていって（写真24〜27）、最後にしっぽの部分を人差指と中指で挟んで持つ（写真28）。

9．右手のロープをバッグに放り込む。このとき右人差指と中指で挟んでいるロープの端を放さず、巻き付けてある結び目を振り落

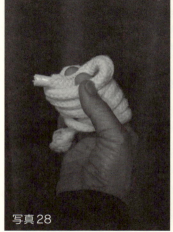
写真28

写真29

写真30

写真31

写真32

64

とすようにして引っ張り上げる（写真29）。

10. ロープをそのまま引上げていき、結び目が無くなっていることを見せ（写真30、31）、「あれっ、卵はどうしたんでしょう」と言ってから、バッグをひっくり返して中の卵（用意した3つの結び目）をテーブルに落とす（写真32）。

11. ロープと卵をバッグに入れて両手をあらためて（写真33）、奇術を終わる。

考察

古くからある技法『Any Number of Knots』（一度にいくつもの結び目を作る技法）は、右手にロープを巻きつけていく時、指先に行くほどループを小さくすることがコツである。

写真33

澤浩のロープマジック―――奇術編

ナポレオン・ノット

【現象】

『太陽がいっぱい』或いは、映画『ひまわり』のテーマ曲にあわせて演じる。

　1本のロープを持って登場し、その端の方を片手で握り込むと結び目が1つ現れる。
　結び目にお呪いをかけ、ロープを一振りすると、結び目が3つに増えている。
　3つの結び目をすべて解き、片手でロープを空中に振り上げて結び目を1つ作る。再びロープにお呪いをかけると、結び目が3つに増える。
　結び目のうちの1つを解き、ロープをひと振りすると、結び目はすべて無くなってスタートのときの1本のロープに戻っている。
　この奇術は以前、スイスのマジシャンであるシモアルトの要望に答えて、彼にレクチャーしたことがある。
　ロープの結び目の『フォロー・ザ・リーダー』現象がテーマであろう。結び目を1つ作れば、それが3個になる。うち1つを解けば、残りの結び目も消える。

【準　備】

1．ギミック・ノット（結び目の状態で両端をのり付けして、リング状にした結び目）2個（図1）。

2．1.5m程のロープ1本。端をセロテープで留めておく。

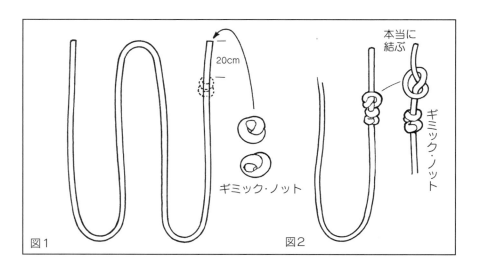

3．ロープの端から20cm程のところに2個のギミック・ノットを通し、その端に近い側に、本当の結び目を緩く（解きやすく）1個作り、計3個の結び目を並べておく（図2）。

4．3個の結び目を右手の中に握り、その上からロープを二重に巻きあげて持つ（写真1）。

【方　法】
第1段：結び目が1つ現れる
1．右手に持っているロープを左の方に振り出し、ロープを伸ばして1本のロープとして見せるが、結び目のところは握ったまま手の甲を観客の方に向けて二重に巻きつけた部分を右手から放すようにする。

2．次にロープを改める動作で右手に握っている3個の結び目を左手にパスする。
- 左手をロープに受け手で当て、人差指と中指の間に挟んで、ロープを滑らせて下げていき（写真2）、端近くまで来たらロープを持ち上げて（写真3）、右手に近づける。

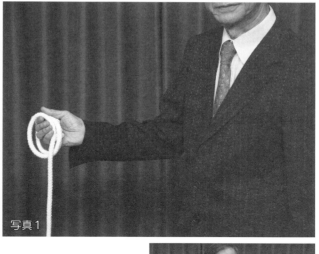
写真1

写真2

写真3

写真4

- 右手のロープの端を左手の人差指と中指とで挟んで結び目の固まりを左手に渡しながら（写真4）、右手は左手のロープの端を人差指と中指に挟んで取る。
- 左手を上げながら、右手はロープの端を人差指と中指に挟んだまま、親指と人差指で左手に移したロープの小指側を掴んで下の方に扱いていって（写真5）、下端を放す（写真6）。

以上の一連の動作は、ロープを扱いて何も仕掛けがないことを示したように見えなければならない。

3．右手をロープから放して左手で持っているロープの上端を掴み、左拳の中の本当の結び目を握り隠して（他の2つのギミック・ノットは左手で持ったまま）ロープを右の方に引っ張り出す（写真7）。左手に握っている2つのギミック・ノットはロープを滑らせていく。

4．右手を右の方に40cm程動かしたら、動作を一瞬止め、右手をずらして結び目を現わす（写真8）。

第2段：結び目が3つに増える

5．右手を一旦ロープから放して下端の方を持ち直し、左手を中心にしてロープを回して結び目をはっきりと見せる（写真9）。

6．次に、左手にギミック・ノットを握ったまま、右手でロープを引き下げていき、上の方の結び目が左手近くまできたところで右手をロープから放す。

7．右手で結び目を少し緩めて本当に結ばれていることを示してから（写真10）、結び目の下を右手で逆手に持ち、左手は（ギミック・ノットを持ったまま）ロープに沿って20〜30cm程左の方にずらす（写真11）。
　すぐに右手の平を観客の方に向けるように返しながら右向きになり、右手に持っている結び目のところを放して、左手のロープを右手の親指の間を通して甲側に回してロープを右手に巻きつけ始める（写真12）。このとき、甲側にギミック・ノットを1つ置いてくる（写真13）。

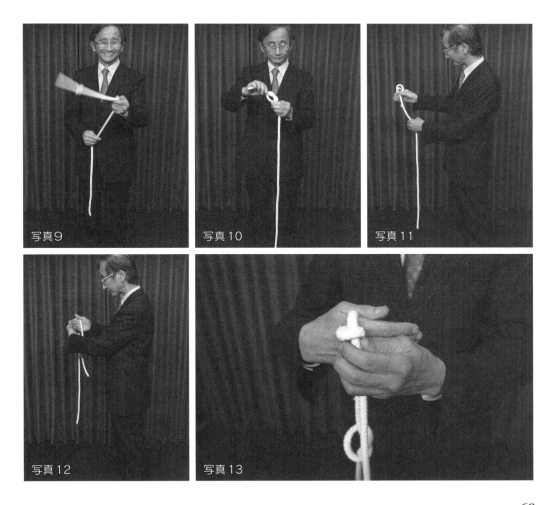

澤浩のロープマジック―――奇術編

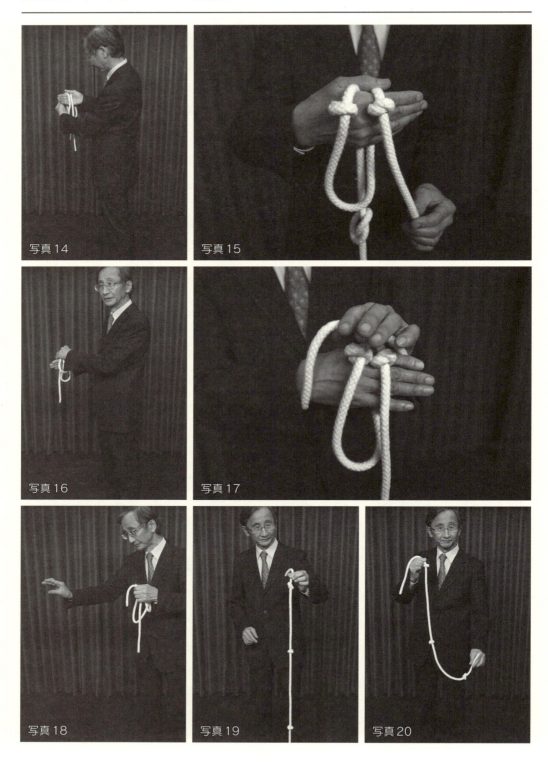

写真14　写真15
写真16　写真17
写真18　写真19　写真20

さらに左手はもう1つのギミック・ノットを持ったまま、ロープに沿って下の方に動かしてロープの下端近くを握ってロープを右手に巻きつけ、2つ目のギミック・ノットを甲側に置いてくる（写真14、15）。
　以上の動作は、甲側に置いてくる2つのギミック・ノットを見せないように注意すること。

8．左手で右掌側に垂れている結び目を少し絞めてから、このロープの結び目を握って持ち上げ（写真16）、右手の甲の裏側に回して、2つのギミック・ノットを握ってロープと一緒に左手で取り上げる（写真17）。

9．カラになった右手で空中から何かを掴むしぐさをして（写真18）、それを左拳に投げ込む動作で左手に握っているところを放してロープを下に垂らし、ロープに3つの結び目があることを示す（写真19）。一番上が本当の結び目である。

第3段：1つの結び目が一瞬にして3つになる

10．右手でロープの下端の結び目を持ち上げてロープを右手に持ち替え（写真20）、一番上になったギミック・ノットを解くように見せて、左手でロープの端を抜いて解いたように見せる（技法編22頁『解かない解き』参照）。
　右手はギミック・ノットを持ったままロープの中央の結び目（ギミック・ノット）まで下げてきて2つの結び目を揃えて持つ。

11．2つ目の結び目も同様に解いたように見せてから、右手に2つの結び目を握って下端の結び目付近までずらしてくる。
　左手は甲を上にして親指を伸ばし、右手に持っているロープの下端の結び目の下にもぐらせて（写真21）向こう側に起こし、この結び目を左手の指先に出して示す。2つのギミック・ノットは左手に握っている（写真22）。そして、左手指先の結び目を右手で解く（『解かない解き』と同じように見せて今回は本当に解く）。

写真21

写真22

澤浩のロープマジック————奇術編

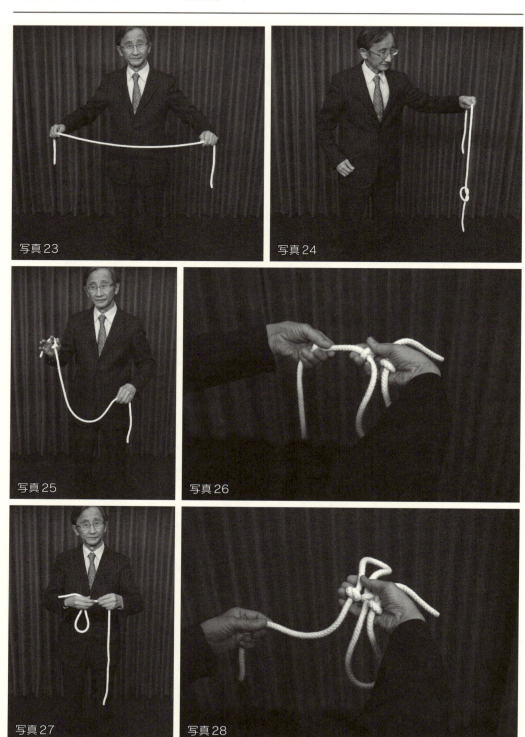

写真23

写真24

写真25

写真26

写真27

写真28

ナポレオン・ノット

12. 左手にギミック・ノット2個を握り隠したまま、ロープを左右に拡げて示す（写真23）。右手をロープから放して左手片手でワン・ハンド・ノットを作る（写真24）。

13. 上から右手でロープを扱いて、出来た結び目を締めて上にあげる（写真25）。そして、左手で持っているところを持ち上げて右手と合わせ、ギミック・ノットの1つを右手に渡す（写真26、27）。左手は残りのギミック・ノットを握ったままロープに沿って下げて持ち上げ、ギミック・ノットと一緒に右手に渡す（写真28、29）。

　左手で空中から何かを掴んで、ロープに投げるジェスチャーをしてから、右手のロープを垂らして3つの結び目を現わす（写真30、31）。

写真29

第4段：結び目が一瞬にして消える

14. 一番上の本当の結び目を解いているところを（写真32）、はっきりと示してから、左手でロープを右手に巻いていく（写真33、34）。巻き上げる途中、ギミック・ノットは左手に握ったままロープを滑らせていって、ロープの端から抜いて左手

写真30

写真31

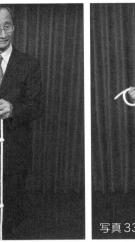

写真32

写真33

写真34

澤浩のロープマジック―――奇術編

にパームする（写真35）。

15. 左手がカラであることを示すために、何回かの結び目のパス・ワークを次のように行う。
    ● 左手で右手指先に出ているロープの上端を人差指と中指で掴みに行く。そのとき、左手にパームしている2個のギミック・ノットを右手に渡し、右手はこれらをロープの束と一緒に持つ（写真36）。
    ● 左手は人差指と中指で掴んでいる上端を持ち上げて何気なく手がカラであることを示す（写真37）。
    ● 左手を元に戻し、ロープの端を下げるとき、2個のギミック・ノットを右手の親指と人差指でつまんで左手にパームさせ（写真38）、ロープを少し引き出す（写真39）。
    ● 右手は持っているロープの束を少しずつ放し（写真40）、結び目が消えたことを示す。右手をロープから放し、両手に何も持っていないことを示す（写真41）。

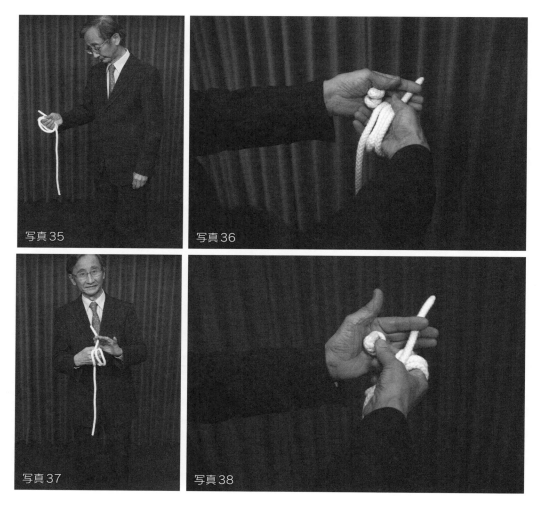

写真35　写真36
写真37　写真38

ナポレオン・ノット

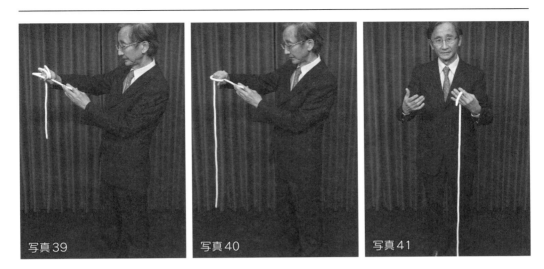

16. 左手のロープの端を右手に渡すときに、一緒にギミック・ノットも渡し（写真42）、この上にロープを巻き付けて演技を終わる（写真43）。

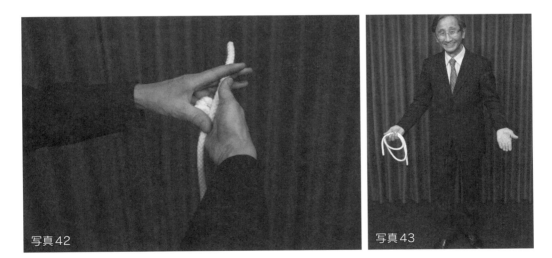

澤浩のロープマジック────奇術編

タイトロープ

【現　象】

映画『スティング』のテーマ曲が流れる。

1本の普通のロープを示し、これを伸ばして両手で持つと、いつの間にか右拳の下に結び目が出来ている。

結び目を片手で握って、ロープ沿いに手を移動させると、結び目がロープの中央に移動する。さらに、結び目を握って引き下げると、結び目はロープの端近くまで移動する。

結び目があるロープの端近くの部分を上着の左ポケットに入れ、右手に持っているロープの他端に向かって、何かが移動するマジカル・ジェスチャーを行うと、結び目は右手の端に現れ、ポケットの中の端の結び目は消失している。

ロープを左右に拡げて持ち、左端の結び目を消失させた瞬間、右端に結び目が出現する。

ロープの中央に結び目が出現する。ロープ中央を上にして両端を下げると、この結び目は、ロープを伝って落ちてきて、端から外れる。

取った結び目を上着の左ポケットに仕舞う。ロープ中央部分を同じポケットに入れて、ロープの両端を引っ張ると、中央に結び目が移動している。

結び目を解いて、ロープに仕掛けがないことを示して奇術を終わる。

『結び目の移動』現象の澤流の演出である。

【準　備】

1.5m程のロープの先端に2個のギミック・ノットを通し、その上にフォールス・ノット（プッシュオフ・ノット。技法編34頁参照）を1つ作る（図1）。

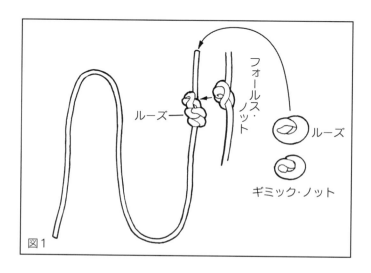

タイトロープ

　2個のギミック・ノットのうちの1個（図1の真ん中にある結び目）の内径をやや大きめに作って緩めにし、手から放すとロープから滑り落ちるくらいにしておく（こちらをルーズ・ノットと呼ぶ）。

　3個の結び目を右手に握り、その上からロープを二重に巻きあげて登場する（前項の写真1参照）。

【方　法】
第1段：ロープに結び目が1つ現れる
1．前項の『ナポレオン・ノットの1～2と同様にしてロープを改める（前項の写真1～6参照）。

2．左手の親指側に出ているロープの先端を上から右手で掴み、一番端に近い結び目（フォールス・ノット）を右手に握り込んで（前項68頁の写真7参照）ロープを右の方に30cm程引っ張り出す。このとき左拳はギミック・ノットを持ったままである。
　右手をずらして結び目を現わす（前項68頁の写真8参照）。

3．右手をロープから放して、垂れているロープの下の方を持ち、左手はロープをグルグル回転させて結び目を強調する（前項69頁の写真9参照）。

第2段：ロープの結び目が移動する
4．再びロープの結び目（フォールス・ノット）のある端を右手で持ち（写真1）、左手（ギミック・ノットを握ったまま）で見えている結び目を取りにいく動作で、この結び目を右手に握り込み（写真2）、左手はこの結び目を取った振りで、ロープに沿ってずり下ろしているように見せて、ロープの中央あたりでパームしているギミック・ノットのうちの1つ（ルー

写真1

写真2

澤浩のロープマジック────奇術編

ズ・ノット）を放して現わす（写真3）。

5．左手はロープに沿ってさらにずらしていってから、中央あたりでロープを持ち上げてルーズ・ノットを右手に持ち（写真4）、この結び目を左手で取りにいく動作で結び目を右拳に握り込んでしまい、左手は結び目を持った振りをして、ロープに沿って下げていく（写真5、6）。そして、下端付近で左手に握っているもう1つのギミック・ノットを観客に見せる（写真7）。

第3段：結び目が見えない移動をする
6．左手の結び目を見せたら右手でロープを大きくスイ

写真3

写真4

写真6

写真5

写真7

78

タイトロープ

ングさせて、下端を左手で掴み（写真8）、このロープの結び目のある端を上着の左ポケットに入れる（写真9）。このとき、ポケットの中でギミック・ノットをロープから外してポケットに落としておく。

右手はロープを握ったまま体の前に構え、ポケットから右手に向かってロープ上を何かが移動していくジェスチャーを左手で行う（写真10）。

7．右手に握っているロープの端を放して垂らして、結び目（フォールス・ノット）を現わす（写真11）。ただし、ロープ中央のルーズ・ノットは隠したままである。
　左手でポケットからロープの端を取り出し、結び目が消えたことを示す（写真12）。

タイトロープ

を捻って（写真16、17）、ループの中からロープの端を引き抜いて（写真18、19）、結び目を1つ増やしてしまう（写真20）。

11. 右手は今作った結び目を握ってロープを持ち、左手はルーズ・ノットを握ってロープを扱いていって、ロープ中央まで来たら（写真21）左手で握っているところ（とルーズ・ノット）を右手に渡し、右手の指先で持つ（写真22）。

　左手で空中から何かを掴んで（写真

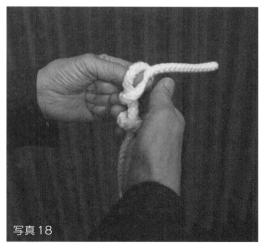
写真18

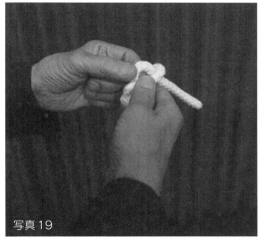
写真19

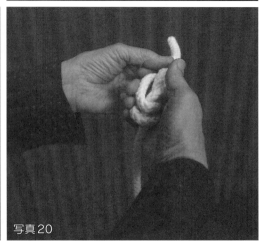
写真20

写真21

写真22

写真23

23)、これを右手に投げるジェスチャーと同時に右手の指先で持っているロープを放して結び目を現わす（写真24）。

第6段：結び目がロープから取れて、またロープに戻る
12. 両手を近づけて、右手の中の結び目に左手小指を差し込み（写真25）、ロープを扱く動作でこの結び目を左の方に移動させる（技法編37頁『ムービング・ノット』参照）（写真26）。
　左手がロープ中央のルーズ・ノットの近くまで来たら、左手のムービング・ノットを右手に握り込み、左手はロープの下端を持ってルーズ・ノットを観客に示す（写真27）。

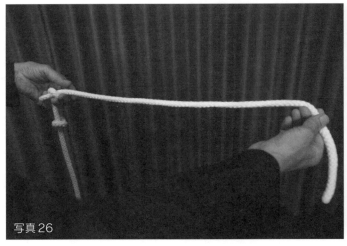

13. ここで、右手を上にあげてロープ中央を持ち上げ、ロープをピーンと張って結び目（ルーズ・ノット）をまるで生きているかのようにロープ滑らせて落として見せ（写真28）。

タイトロープ

写真28

写真29

写真30

ルーズ・ノットをロープから外して（写真29）、上着の左ポケットに仕舞う（写真30）。

14. 右手に持っているロープ中央を、結び目が観客に見えないように注意して左手に渡し（写真31）、右手はずらしてロープの右側を持つ。

左手に持っているロープ中央を上着の左ポケットに差し込んでから（写真32）、両手でロープの両端を持ち（写真33）、ポケットからロープを引き出して結び目を現わす（写真34）。

写真31

写真32

写真33

写真34

15. ロープの結び目を解き、仕掛けがないことを示して奇術を終わる。

【考　察】
　結び目の『移動』現象である。ロープの端から端までの移動。見えない移動。見える移動などをはっきりと表現することが重要である。

レスキュー・ロープ

　ロープ１本あれば、どこでも出来る、澤お気に入りの奇術の１つ。岐阜県の清流『長良川』についての話しをユーモアたっぷりのストーリーを展開していく。観客はいつの間にか彼の話に引き込まれ、『澤ワールド』に踏み入ってしまう。

【現　象】
　岐阜県の清流、長良川が増水した時、釣り人が流されたりする事故がよくある。彼らをロープ１本で救助する方法について説明するストーリーで奇術が演じられる。
　ロープに作った『滑り止めのための』１つの結び目が、いつの間にか続々と増えていく。
　ロープは観客に渡され、何の仕掛けもないことが改められる。

　この奇術はかつてSTEVENSのビデオ（1993年）に、演技のみで発表されたことがある。

　この奇術において、彼独自の技法である『結び目を解くと見せてもう１つ』（技法編24頁）技法で、３つの結び目のうちの１つを解く動作でもう１つ結び目を作って４つにすることと、結び目を移動させる『ムービング・ノット』が使われる。

【準　備】
１．1.5m程のロープ１本が必要。ロープはアクリル系の繊維が適しており、両端は接着剤で固めておく（接着剤はウルトラ多用途・プレミアムソフトか、プラスチック用のGPクリヤーをすすめる）。

２．端から10cm程ところに、同じ方向に並ぶ結び目を３つ作る（図１）。

３．左手の中指と薬指を短い端側から３つの結び目の中に入れて結び目を拡げ（写真１）、結び目近くの下に垂れているロープを摘んで３つの結び目の中に引っ張り込んで、３つの輪がその形で保持出来るようにロックする（写真２）。

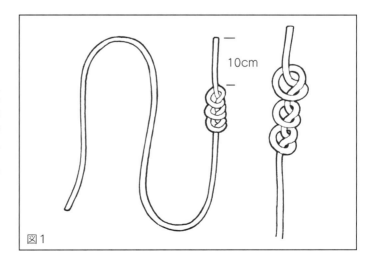

図１

澤浩のロープマジック――――奇術編

写真1

写真2

4．結び目の部分を右手で握り、その上に垂れているロープを軽く巻き上げて登場する（写真3）。

【方　法】
1．「私が住む岐阜県には清流、長良川があります。私は釣りが好きで、晴れた日の釣りはのどかで良いものですが、いったん雨が降ると川は豹変してしまいます。急な増水で、人が流されてしまうことがあります。川上から人が流されてきたとき、助けようとするのですが、そのための良い道具がない。釣り竿は、高価なので折れるのが嫌だし、道端のわらは短いので『溺れる者』の役に立たない。そこで、常に1本のロープを持ち歩くようにしました」と言って、右手に持つロープを垂らす。

写真3

2．『ロープの両端の改め』（技法編54頁参照）を行って、ロープに何も仕掛けがないことを改める。

3．右手でロープを強く引っ張って、左手の中の結び目のロックを外し、一番下の結び目のループに左小指を入れる（写真4）。
　　左手のロープを右手に渡す動作で、左手の結び目のうちの上の2つを右手にパスする（写真5）。同時に、右手を上方に上げロープを引っぱり上げる。このとき、左手は小指を一番下の結び目のループに差し込んだままで、結び目を移動させる（写真6）。（技法編37頁『ムービング・ノット』参照）

4．左手が下端から20cm程のところに来たら手を開いてマジカル・ジェスチャーをして

レスキュー・ロープ

写真4

写真5

写真6

写真7

写真8

(写真7)手をどけて結び目を現わす(写真8)。

5．観客が驚いている間に、左手をロープ沿いに上げて両手を合わせ、右手の中の下側の結び目に左小指を差し入れて(写真9)、前述と同様にして結び目をロープ中央まで引き下ろす。すぐに、左手は結び目を握ったまま、肘の高さま

写真9

写真10

写真11

写真12

で上げて先程の結び目を揺らして示す（写真10）。

6．左手を右手に近づけていき、結び目を見せないようにして右手に渡して見えている結び目を示す（写真11）。
　　左手でその結び目を握り（写真12）、「このようにロープを握ると、溺れている人の手に結び目が引っ掛かって、ロープを引っ張り上げて救助することができるのです」と言う。

7．「ところが、つかみどころが悪く、例えばこのようなところを掴んでも、手が滑って、流されてしまいます」と言って、左手で結び目の下を掴んで（写真13）、端まで滑らせていって、ロープをつかみ損なった人が流れていってしまうジェスチャーをする（写真14）。

写真13

写真14

写真15

レスキュー・ロープ

8．左手を右手に近づけて（写真15）中央の結び目のところを持って下に下げてロープをまっすぐに持ち、左手を開いてロープ中央を擦るジェスチャーをして（写真16）2つ目の結び目を現わす。

9．観客が2つ目の結び目の出現に驚いている間に、右手で握っている結び目に左手の小指を差し入れ、前述同様結び目を引き降ろす（写真17）。

　左手を逆手に持ち替えて（写真18〜20）、ロープを左右の手で持って（写真21）、2つ目の結び目を強調する。

10．左手を下にしてロープを撫でて3つ目の結び目を現

写真16

写真17

写真18

写真19

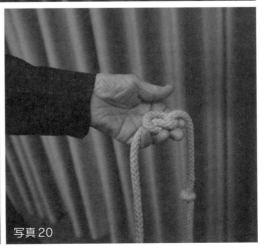

写真20

澤浩のロープマジック―――奇術編

写真21

写真22

写真23

す（写真22）。ロープの中程を持って、ロープの先端をプロペラのように回して結び目を強調する（写真23）。

11. 次に、端の結び目を解くと見せてもう1つ結び目を作り（技法編24頁『結び目を解くと見せてもう1つ』参照）、2個の結び目を左右の手で1つずつ隠し持つ。

12. 両手に結び目を隠したまま左手を前方に出してロープの端を示し（写真24）、「もし助けたくない人が流れてきたときは、一応この程度にロープを差し出して、相手がロープを掴みかけたら、このようにして……助けるフリをします」と言って、ロープの端を跳ね上げる。

写真24

13. 「逆にぜひ何としても助けたい、例えば絶世の美女が流されてきたときには……このようにして、結び目を増やして」と言って、体の前で右手でロープを撫でて（写真25）結び目を出現させる。

14. 右手を上げて左手で隠れている結び目を、観客から見えないようにパスして取り上げるが、このとき、結び目の上下のロープを折り曲げて結び目を摘んで右手の中に隠し（写真26〜28）、正面から見てまっすぐな1本に見えるように持つ（澤の『ストレート・イリュージョン』という）。右手を右の方に伸ばし、ロープを横向きに張って、3つの結び目をはっきりと見せる（写真29）。

15. 左手の端を右手に渡し（写真30）、左手で空中から何かを取って（写真31）、ロープに投げるジェスチャーで、右手のロープの一端を放して4つ目を現わす（写真32）。

レスキュー・ロープ

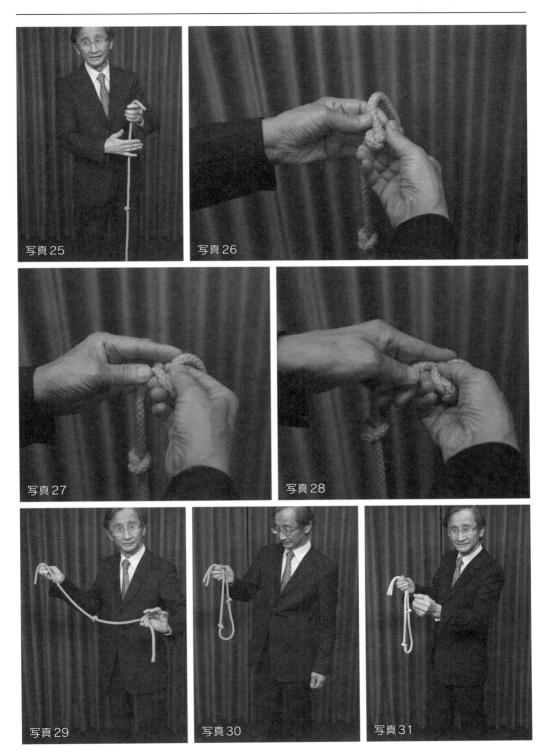

写真25
写真26
写真27
写真28
写真29
写真30
写真31

91

16.「両端の結び目にしっかりと手を掛けて、ロープの真ん中に美女を包んで引き上げると間違いなく助けることが出来ます」と言って、ロープを横向きにし、両端の結び目に手を掛けて助け上げる動作をする（写真33）。

17. ロープの結び目を解き、観客にロープをプレゼントして終わる。

写真32

写真33

第4段：結び目が一瞬にして移動する

8．左手に持っているロープの端を右外の方に放り出し、右手から垂れ下がっている結び目（フォールス・ノット）を取り上げてロープが水平になるように持つ（写真13）。

9．右手でロープをしっかり握り、両手でロープを引っ張って、左手側のフォールス・ノットを解いて消し（写真14）。すぐに右手に握っていたルーズ・ノットを現わす（写真15）。

写真13

写真14

写真15

第5段：結び目の出現

10．右手の結び目を解くと見せて、『結び目を解くと見せてもう1つ』（技法編24頁参照）で、実際には下記のようにして逆にもう1つ結び目を作る。

● 右手親指と人差指でロープの上端を持ち、左手を逆手でロープの右手親指の下の部分

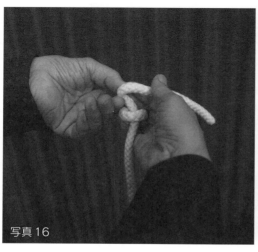
写真16

写真17

ギョ！

澤氏お気に入りの奇術である。ロープを釣竿や網に例えるなど、物に擬似化する奇術創作のヒントになる題材である。

【現　象】

「漁師が魚を釣る時は、1本のロープを用意し、海や川に垂らすと……」と言って、1本の赤いロープを取り出し、中央あたりに結び目を作る。結び目がロープから取れて、小さな輪になる。

「1本釣りはなかなか釣れないので、そういう時は網を使います」と言って、両手にロープの両端を持って、前方に投網を打つように投げる。すると、ロープの中央に結び目が出来る。

結び目を捻って魚の形にして見せ「これは何の魚か分かりますか……？　金魚です」と言って、再び結び目をロープから外し取ると、それは金魚の形をしたロープである。

この奇術は、以前Sawa's Lecture Seriesに、少し異なる方法で解説されている。

【準　備】

1．1.5m程の赤いロープ1本。同じ材質の短いロープの両端をのり付けした直径10cm程のロープの輪とほぼ同じ大きさの魚型のロープとを1個ずつ作る（図1）。

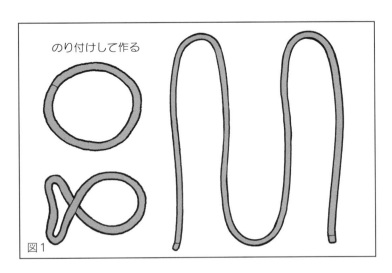

2．魚型のロープをズボンの右ポケットに入れておく。ロープの輪を右手に持ち、ロープ

をその上に置き、輪を2つに折り曲げ（写真1）、その上からロープを数回巻き上げて登場する（写真2）。

【方　法】

1．右手の甲を観客に向けて、巻き上げたロープを放して垂らす（写真3）。右手はロープの端と2つ折りにした輪をフィンガー・パームしたままである。

2．左手で右手のロープの上端を持ち、左方へ引っ張り出す。右手がロープの中程に達したら（写真4）左手をロープから放し、右手にパームしている折り曲げてある輪の片側を上方に引っ張り出す（写真5a・b）。観客はロープの中央を持ち上げたと思っている。

3．次に、左手で下に垂れている2本のロープの端を持ち上げ（写真6）、右手のロープの輪の折り曲がって手前にある方のループの中を通してから（写真7）、もう一度上のループに通して引き出す（写真8、9）。

4．今、輪に通した2つの端を左手に持ち、中央に出来

ギョ！

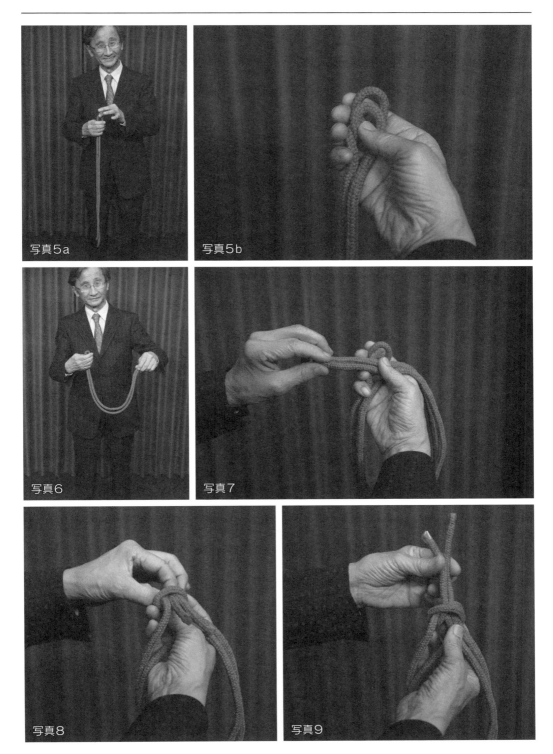

写真5a
写真5b
写真6
写真7
写真8
写真9

澤浩のロープマジック────奇術編

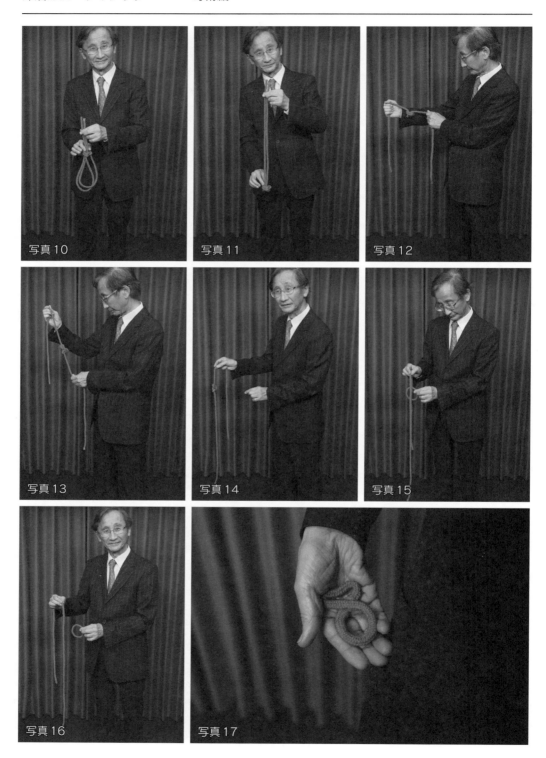

写真10
写真11
写真12
写真13
写真14
写真15
写真16
写真17

ギョ！

たロープの固まりを右手で下にずり降ろす (写真10、11)。
　両手でロープを拡げて持ち、固まりを右腕にあてて、ロープを引っ張る真似をしてから (写真12)、今度は本当に両手でロープを引っ張っていくと (写真13)、固まりは次第に解けてくるので (写真14)、左手で輪を摘んでロープから外して見せる (写真15、16)。

5．外した輪をズボンの右ポケットにしまい、同時にポケットの中の魚の作りものを右手にパームしてくる (写真17)。

6．両手でロープの両端を持ち大きな輪を作って両手で (端と一緒に) 持つ (写真18)。「漁師が使う大きな網」の話をしながら、まず右の方を向いて両端を左右の手で持ったまま、ロープの中央部分を投網を打つように前方に投げ出すが、結果、何の収穫もない仕草をする (写真19)。

7．再びロープを輪にして、今度は左の方を向いて行うが結果は同じ。更にもう一度輪をつくるとき、『両手を放さないで結び目を作る』技法を次のように行う。
- ロープで輪を作るとき、左手の人差指と中指で左端を挟んで持つ (写真20)。
- ロープの中央部分を前に投げ出すモーションのカバーで、左中指と薬指で摘んでいる左端を輪の中をくぐらせて、親指と人差指で持って (写真21) 投げ出してロープ中央に結び目をつくる (写真22、23)。

8．左手を放して結び目を持ち、一度捻って結び目を魚型にして見せ「これは金魚です」という (写真24)。

写真18

写真19

写真20

澤浩のロープマジック―――奇術編

写真21

写真22

写真23

写真24

写真25

9．左人差指を結び目に入れて輪を途中まで下に降ろす。ここで、右手をロープから放して輪の上部を掴む（写真25）。

10．再び、左人差指で輪を下に降ろすとき、指をさらに伸ばして右手にパームしている金魚の作りものに差し込んで、輪と一緒に引き下ろしてきて（写真26、

写真26

27) 金魚をロープから外し（写真28）、金魚をはっきりと示して終わる。

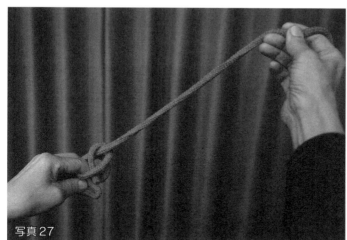
写真27

写真28

ポチ

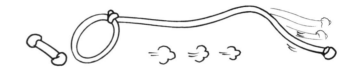

澤はこの奇術が好きで、子供や女性の前でよく演じている。ロープが繋がる現象とロープの端の変化が主題の奇術である。

【現　象】
家で飼っている犬（名前をポチと言う）の話から、ロープをポチに着けているリードに例えて展開される。
　２本のロープ（首輪とリード）を示し、両端を引っ張ると１本のロープになる。
　再び１本のロープを中央から切り、２本のロープにしてから、両端を引っ張ると１本のロープになる。
　ロープの端（ポチのシッポ）を結んで輪にする。中央から２つ折りにし、『結ばれた端』を一方の手で揉むと、『結ばれた端』が消え、他方の手の中から現れ、端が移動する（ポチの頭とシッポが入れ替わる）。
ロープの輪を中央から２つ折りにし、端のある結び目をちぎり取る。すると、残りの輪から端や結び目が無くなっている。
　ちぎり取られた両端はポチの餌（白い骨）になっている。

　『ボール・エンド』のもう一つの特性である『手の握りの中でロープの端が扱いやすくなる』ことを利用する奇術である。エンドのボールの引っかかりによって、ロープを引っ張っても、手から抜けて落とすことがなく、コントロールしやすいのである。

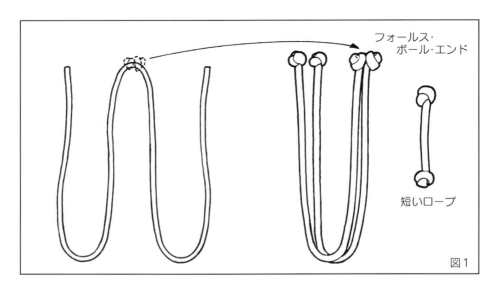

図1

【準　備】

1．1.5m 程の長さのロープ1本と20cm 程の短いロープ1本を用意して、両方のロープの両端に結び目を作って、『ボール・エンド』（技法編19頁）にする。

2．長いロープの中央に2つの『フォールス・ボール・エンド』（技法編19頁参照）を作り、中央2個のフォールス・ボール・エンドの左側に両端の2つのボールのエンドを置いて揃える（図1）。

4．短いロープを折りたたんで左手にフィンガー・パームし（写真1）、その上に図1の4つ折りのロープを持って（写真2）登場する。

写真1

写真2

【方　法】
第1段：2本のロープが長い1本のロープになる

1．「ここに2本のロープがあります。このロープは私の家で飼っているポチという名の犬が大好きなロープなのです」と言って、左手に持った折り畳んだロープの4つの端（ボール・エンド）を観客に示す（写真3）。

2．左手に持っている4つの端（ボール・エンド）を右

写真3

写真4

澤浩のロープマジック――――奇術編

手に渡し（短いロープは左手にパーム）、左側の２つの端を垂らしてロープ２本を示す（写真４、５）。左手で（短いロープをパームしている）１つの端を取り上げて向こう側から右手に渡して輪をつくる（写真６、７）。垂れている端を取り上げ（写真８）、「ポチの首輪とリードです」と言う。

３．左手の端を右手に渡し、４つの端を揃えて（本物の２つが左側）右手に持つ（写真９）。ここで、『スライド・イン・メソッド』（技法編46頁参照）でフォールス・カウントして２本のロープの４つの端を１つずつ示してみせる。

写真5

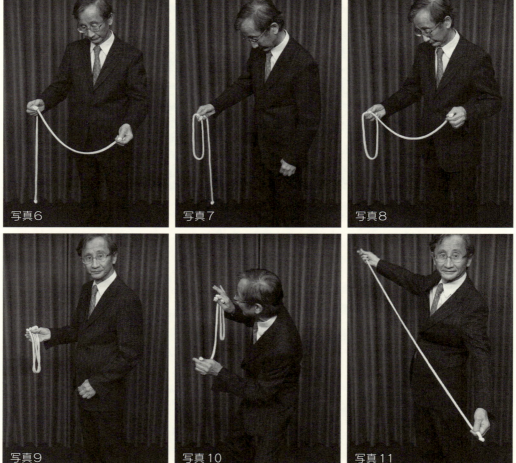
写真6　写真7　写真8
写真9　写真10　写真11

4．左手で左側の端の1つをサム・パームの位置で持ち、残りの3つは右手に持ったまま空中を指で示しながら（写真10）、「ポチにこちらを見ているように言うと、ずっと見ています」と言う。

5．「ポチはマジックが何より好きで」と言って、左手のサム・パームしている端と、右手に持っている端を持ってロープを左右に強く張って2つのフォールス・ボール・エンドを消し、長い1本のロープになったことを示す（写真11）。

第2段：再び2本のロープが1本になる

6．観客が驚いている間に両手を近づけ、左手にパームしている短いロープの片方の端を右手の親指で掴んで抜き取り（写真12）、持っている長いロープの端と一緒に持ち、両手の端をグルグル回し、「マジックを見せると、ポチは喜んでしっぽを振ります」と言う（写真13）。

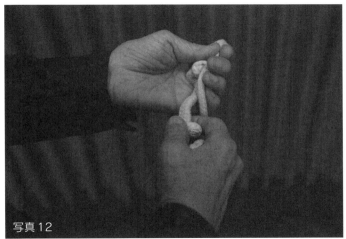

写真12

写真13

7．左手のロープを右手のロープの下からクロスするようにあて（写真14）、左手首を手前に返しながら左手の端を右親指で押さえ、代わりに右手に持っている短いロープの端を放し、上にはね上げるようにして左手で持つ（写真15、16）。

　左手でU字で交差している短いロープの2つの端を握って上前方に引っ張り出す。右手は長いロープの2つの端を握ったまま、長いロープをすべらせていく（写真17）。

　さらに左手を前方に引き出してロープを揃えると見せて、クロス部分にロープ中央が来るまでロープを張る（写真18）。

写真14

澤浩のロープマジック―――奇術編

写真15

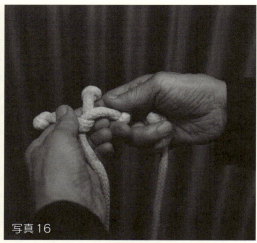
写真16

観客は、左手に見えているのが本当の端だと思っているが、実際には右手の中に隠れている。

8．「ポチはマジック・ハンドがさらに好きで……」と言いながら、左手で右胸ポケットから『エアー・ハサミ（空想のハサミ）』を取り出したようにして左手でチョキをつくる（写真19、20）。このとき、左手の中でU字で交差しているところをサム・パームで保持しておく。
　そして、パントマイムで右手のロープ中央を切る動作をして、右手に持っている端を1つずつ放す（写真21）。

9．左手に持っている2つの端を右手に渡し、左手はそのままロープを扱い

写真17

写真18

写真19

写真20

104

ていって下端を持ち（写真22、23）、それを右手の2つの端の左側に並べて保持する（写真24）。

10. ここで、右手に持ったロープを『スライド・イン・メソッド』（技法編46頁）でフォールス・カウントして、バラバラに見せる。

11. 右手で4つ目の端を握ったまま、左手の上から短いロープの2つの端のうちの左側の端を握って引き抜き（写真25）、左手は、持っている（長い）ロープを揉みながら左下方向に伸ばして再び1本になったことを示す（写真26）。

第3段：ロープの端と中央が入れ替わる
12. 左手で持っているところを右前方向に弧を描くよ

写真21

写真22

写真23

写真24

写真25

写真26

写真27

澤浩のロープマジック─────奇術編

写真28

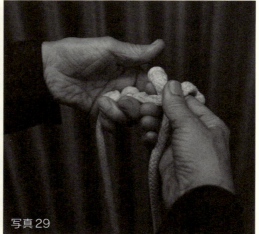
写真29

うに放り出す（写真27）。
　開いた左手で、右手のロープのつなぎ目のところを掴み、右手は垂れたロープを扱いていって、左右に伸ばして持ち（写真28）、両端を回し「ポチのシッポです」と言う。

13. 左手の端を右手の上にクロスに置き（写真29）、左手の中の短いロープの端を右手の中指で下から上に跳ねあげて、長いロープに絡めながら、右手の長いロープの端を左手の方に倒して左手の親指で押さえる（写真30）。

写真30

　すぐにロープの交差部分を右手で持ち、左手で長いロープの端を左の方に引っ張ってくる（写真31）。一方、右手は短いロープのU字を長いロープから外し（写真32）、さらに左手を伸ばして、左手が（長い）ロープの2つの端まで来たら、長いロープの中央U字部分を右手の親指で引っ掛けて出し、左手の両端を示してロープの中央と端が入れ替

写真31

106

ポチ

わったことを見せる（写真33、34）。「実はポチもマジックが出来ます」と言う。

第4段：ロープの輪から両端を取ってしまう

15. 左手を放してロープを右手で持ち（写真35）、左手を受け手にして垂れ下がっている2本のロープに沿って端を持ち上げてきて（写真36）右手の甲と重なった

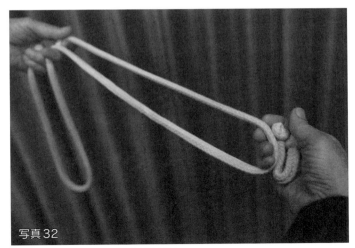
写真32

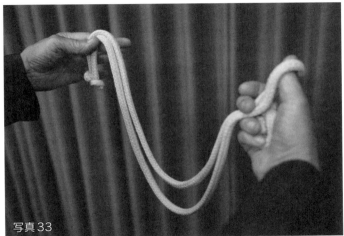
写真33

写真34

写真35

写真36

澤浩のロープマジック―――奇術編

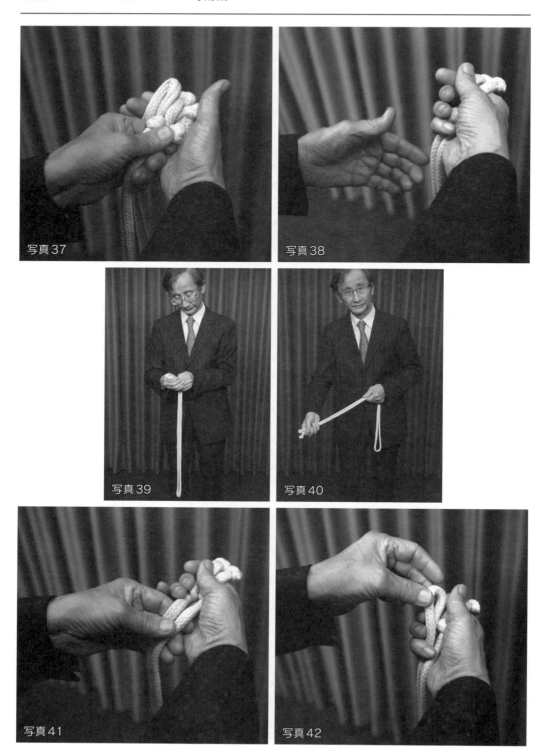

写真37
写真38
写真39
写真40
写真41
写真42

108

ときに、左手の両端を右手に渡しながら、右手にパームしている短いロープの両端を右手から押し出して持ち、同時に長いロープの中央部を放して落とす（写真37、38）。

左手で右手の下でロープを掴み、右手を前方に突き出すようにしてロープを改める（写真39、40）。

16. 左手で、右手の真下にある2本のロープを持ち（写真41）、片方を放して他方を持ち上げてループを作り、一度捻って、右手親指の方に倒してから（写真42）右手の親指で押さえ、左手で上端と一緒に持つ（写真43）。

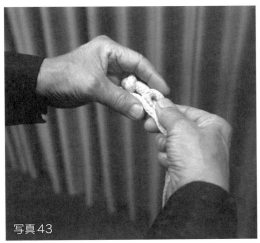
写真43

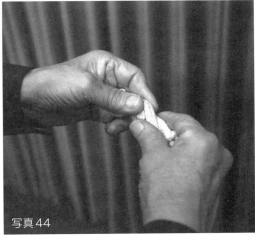
写真44

両手でロープを振る動作をして（写真44）から、左手で2本の端を千切り取る動作でU字の短いロープを摘み取ってしまう（写真45、46）。

写真45

写真46

17. ちぎり取った短いロープを上着の胸ポケットに両端をつき出すようにしてしまう（写真47）。すぐに左手で右手の親指の下あたりを摘み、折り曲げて右手の小さなループと並べて持ち（写真48、49）、右手のロープのちぎれた2つの端のように見せたのち、写真50、51のように、左手のロープを引っ張って右手で握っている2つの小さなループのたるみを引き出して、ピンと張ってロープが繋がったように見せる。ロープの2つの端は右手の中にある。

　左手でロープの同じ位置（右手で握っているすぐ左）を右から左へ何度か扱いて（写真52）、ロープが切れ目のない輪になってしまったように見せる。

写真47

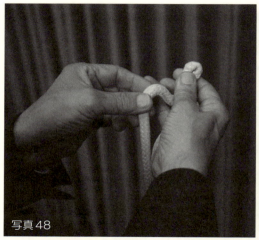
写真48

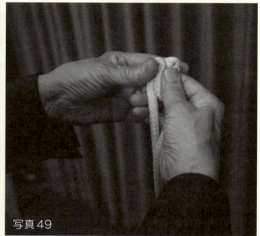
写真49

写真50

写真51

写真52

第5段：シッポがエサに変わる

19. 端の無くなったロープの輪をポケットにしまった後、胸ポケットの短いロープを取り出して拡げて見せ「これがポチの最も好きな骨のおしゃぶりです」と言って、終わる（写真53）。

写真53

澤浩のロープマジック────奇術編

スーパー・ナチュラル・ロープ

　この奇術は、ロープの性質を研究中に偶然見つけた原理を使った澤のオリジナル奇術である。彼のスチューデントであるMr.マリックもよく演じてきた奇術である。

【現　象】
　術者は1m程のロープを持って登場する。右手でロープの端近くを持って、ロープを下に垂らし、左手人差指でロープを指差して上から下に向かって、指をゆっくり下げていく。そして、観客に向かって「ストップを掛けてください」と頼む。
　観客が「ストップ」と言ったところで左手を止め、ロープを左親指と人差指で『擦る』と超能力によって、ロープの繊維が破壊されて、千切れて落ちる。

【準　備】
1．1m程の太めのロープを1本用意する。両端は切り揃えておく。

2．ロープの端から全長の3分の1あたりのところを2つ折りにして、ハサミでロープに沿って縦方向に4〜5cm程切り込みを入れる（写真1、2）。
　ロープをゆっくりと伸ばし、切り込みを入れた部分を指先で押さえ、ロープを軽く丸めておく。

写真1

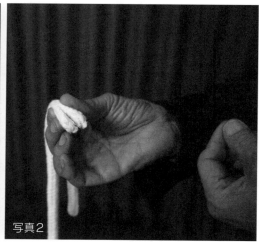
写真2

【方　法】
1．「皆さんは超能力についてご存知でしょうか。超能力はどこから来る能力でしょうか。

112

脳だという人がいます。それはノーです。ハートだという人が多いのですが、これも違います。腹からです。それも腸から……ちょう能力です。超能力をお見せしましょう」

左親指と人差指を擦り合わせ「目をつぶって、このように指を軽く合わせて動かすと、何か丸いボールが間にあるかのように感じます。そこには不可思議なパワーが存在するのです」と言う。

2．右手にロープの切り込み部分から遠い方の端を持って垂らし、「これからロープを使って、パワーをお見せしましょう」と言う。

写真3

左人差指でロープの上部を指差して、ゆっくりと下方へ動かしながら、観客に向かって「このように指を動かして行きますので、お好きなところでストップを掛けてください」と頼む（写真3）。

3．観客が「ストップ」と言うちょうどそのときに、切り込み部分の近くに指が来るようにスピードを調整し、「ここで（写真4）ストップがかかりました。ここをゆっくりと、親指と人差指で擦ると……」と言って、左親指と人差指で切り込み部分を挟んで擦る（写真5）。ゆっくりと3〜4回擦るとロープの縒りがほつれてきて、ロープが千切れ出す（写真6）。さらに2指に力を込めてロープを擦ると、ロープが千切れて落ちる（写真7）。

写真4

写真5

写真6

写真7

4．落ちたロープの切れ端をひろい上げて、観客に右手のロープとともに、その千切れ目を見せ（写真8）、「切断面をよく観察してください。明らかにハサミやナイフで切ったときとは違って、繊維が破壊されています。これが超能力のなせる業です」と言って、ロープを観客に渡して終わる。

【別　法】
　澤は切り込み部分のフォーシングをソフトに進めるために、次のような演出で行っている。

写真8

1．ズボンの左ポケットにハサミを入れておく。

2．前述と同様に観客に「ストップ」を掛けてもらうが、上手く切れ込み部分でストップがかからないこともある。切り込みから離れたところで「ストップ」が掛った場合、ポケットからハサミを取り出して実際に、その部分をカットする。そして「このようにハサミなどの刃物を使うと、ロープの切れ目はこのようになります」と言って、切れたロープの切り口を観客によく見せる。

3．切り込みの無い方のロープを観客に渡し、切り込みのある方を右手に持ち、先程と同様に、左手の指でロープを擦ってロープを千切って見せる。

【考　察】
　『スーパー・ナチュラル・ロープ』の原理『ロープを縦方向にほんの少しだけカットすることによって、簡単に千切ることができる』は、澤が発見したオリジナルである。
　DarylはDVD『Expert Rope Magic Made Easy !』の中で、この原理がWinston Freerの発明であるかの如く説明しているが、彼がクレジットの根拠としているAbbott's Encyclopedia of Rope Tricks for Magicians（1941）の『Winston Freer's Master Muscle』で使われている方法は全くこれとは異なるものである。すなわち、Winstonは特別な『原理』を用いているのではなく「ロープを半分だけカットし……」とあるだけであった。Darylは『澤の原理』を使えば、Winstonの奇術がたやすく行えると言うべきであったと考える。
　この奇術の初期の解説は『Supernatural Rope』と題して『Sawa's Library of Magic』（1988）でなされた。またすでに、その数年前に発売された『Sawa's Lecture Note on Rope』に発表されている。また同著にはSupernatural Cut and Restored Ropeというハサミを使わない『千切って、復活するロープ』の澤風の演出が載っている。

フェニックス・ロープ

　1本のロープを何本かに切って、それを繋げて元通りの1本に復活させるという奇術（いわゆる『ロープ切り』）は最も古い歴史を持つもので、長い間広く世界中で演じられてきた。
　最も古い奇術専門書である『ホーカス・ポーカス・ジュニア』（1634年）にもこの『ロープ切り』が解説されていて、近年になって日本においても多くのアマチュア及びプロの奇術家がこの奇術を演じて来た。
　私は、『ロープ切り』奇術が好きではなかった。誰もが一度は見たことがあるこの奇術の欠点は、ロープとハサミを取り出したとたん、観客は『ああ、ロープを切って、元通りに繋げる奇術をやるのだな』と簡単に予測されてしまうからだ。実際、たいていの奇術師はその通りのことをするのである。
　澤はこの『ロープ切り』についても、他の奇術家とは異なるアプローチをしている。
　彼はその『復活』現象を見せる前段として、観客が『あれっ』と思う仕掛けを用意し、観客の興味を引きつけてから自分のワールドに観客を引き込むという巧妙極まりない手法を考案したと言える。
　もうひとつ、手順の後半で『ロープを切るためのハサミがロープの（輪の）中に入ってしまう』といった、ハプニングの演出を加え『ロープからハサミを取り出すためにロープを切る』というロープ・カットの必然性を組み上げるというストーリーを作った。
　クライマックスの『何度切っても、元通り1本のロープになる』締めくくりの後、ロープを観客席に投げて、余分なタネがないことを示すところなどは、彼の真骨頂であろう。

【現　象】
　音楽『ロシアより愛をこめて』が静かに流れる中で演じられる。

　1本のロープの3分の1ほどのところをハサミでカットする（切る）。カットしたところに息を吹きかけると、なぜかロープは『結ばれている』
　ロープの反対側の3分の1のところをハサミでカットし、再び息を吹きかけると、やはりロープは『結ばれている』
　ロープを巻き上げて、拡げてみると、2つの結び目は消えて、1本のロープに復活している。
　ロープで輪を作り、その穴の中にハサミを投げ入れると、ハサミの持ち手部分にロープが通って、輪の中でぶら下がる。
　ハサミをロープから抜き出すために、ロープの輪の部分をカットする。カットしてできた2本のロープが、繋がって1本になる。
　ロープを2つに折り、中央をハサミでカットして息を吹きかけると、繋がって元の1本になる。

澤浩のロープマジック────奇術編

　さらにロープを4つ折りにして、ロープをカットしても、ロープは1本に復活する。ロープは観客によって改めてもらうことができ、両手には何も残っていない。

　この手順の中段の『ハサミが輪の中に飛び込む』奇術は以前、マジックランドからThe Scissorsと題して、外国用レクチャー・ノートとして図解のみのパンフレットが発行されたことがある。

【準　備】
1．1.5m程の長さのロープ1本。両端はきれいにカットして揃えておく。

2．同質の50〜60cm程のタネ用ロープ1本（写真でははっきりと分かるように色違いのロープで説明する）。

3．ハサミ1丁（刃先を丸め、ハンドルには指が2本入るタイプ）。

4．長いロープの端近くにタネ用のロープをくぐらせて端を3〜4cm程残して一度結び、この結び目の中にX端を入れて結びを締める（図1a）。

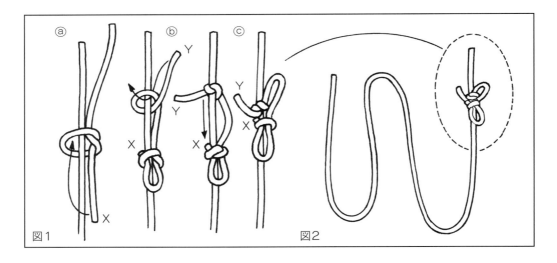

5．次に、今作った結び目の7cm程上に図1bのようにY端を巻きつけて結び目を作り、端を3cm程残してカットして取り除き、この2つの結び目をくっ付けておく（図1c、図2）。
6．Y端のループをX端のループの上に折って重ねて右手に握り（写真1、2）、ロープを2〜3回その上にゆったりと巻き残りの部分を下に垂らして登場する（写真3、4）。
　ハサミは上着の左ポケットに入れておく。

116

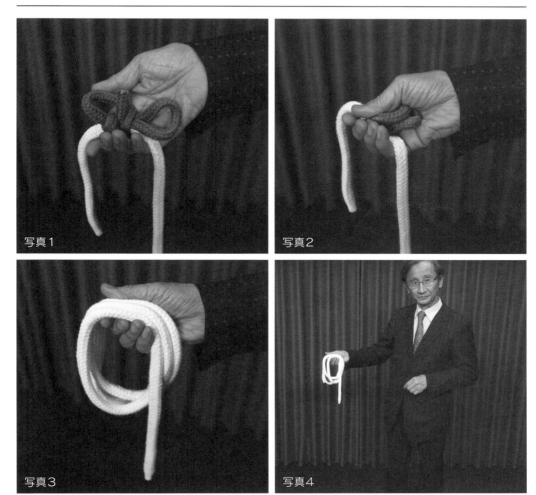

写真1
写真2
写真3
写真4

写真5

【方　法】
第1段：切ったロープが一瞬にして結ばれる

1．術者は右を向いて、右手に持っているロープを示す（写真4）。束ねたロープを放し、ロープを垂らして見せる。このとき、掌の中のタネのロープが見えないようにすること。

2．右手にタネ部分を握ったまま正面を向き、左手でロープの上端を持って左の方に引っ張り出す。3分の1程引き出したら（写真5）、左手を下げてロープを揃えて両方のロープを掴んで持ち、右手は、折り曲げて握っているタネのうちの上に重ねてあるループを親指で起こし

117

上に出す（写真6）。観客から見るとロープの折り目を握っているように見える。

3．左手をロープから放し、ポケットからハサミを出して右手指先のループ（タネの部分）を切り放す（写真7）。

　ハサミを左ポケットに戻す。そして左手で今切った2本のロープを掴むと見せて、その実、左親指でタネ部分の端（結んだときのY端）

を起こして切り放してできた2つの端のうちの左側の端とを親指と人差指で持つ。そして切り放した右側の端を右親指で下方に折り返して右手に持つ（写真8）。

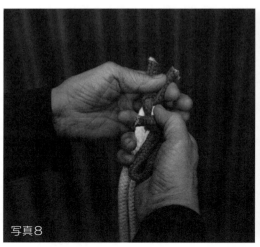

4．左手に2つの端を持ってロープを前方へ動かし、右手はタネの残りの部分を持ったままロープに沿って引く（写真9）。
　左手に息を吹きかけてからロープを左右に引っ張って、結び目を現わす（写真10）。

5．右手をさらに（残りが3分の1になるまで）ずらしていき、ロープを2つ折りにして右手に握り、左手で右手の中のタネのループを起こして、少し引っ張り上げてから指先に出す（写真11）。このときタネ部分のX端が外れるので、こちら側が左になるように折り目を返す。

フェニックス・ロープ

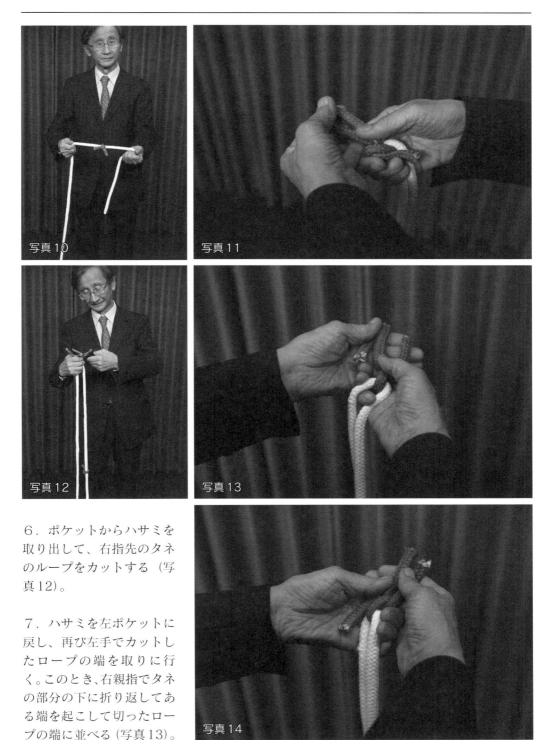

写真10

写真11

写真12

写真13

写真14

6．ポケットからハサミを取り出して、右指先のタネのループをカットする（写真12）。

7．ハサミを左ポケットに戻し、再び左手でカットしたロープの端を取りに行く。このとき、右親指でタネの部分の下に折り返してある端を起こして切ったロープの端に並べる（写真13）。

澤浩のロープマジック―――奇術編

　カットしてできた２つの端のうち左側のＸ端を左手でパームし、残りの２つの端を前に突き出し（写真14）、この２つの端を左手に持って前方に引き出す。

8．左手に息を吹きかけてから、両手でロープを左右に引っ張って結び目を現わす（写真15）。

写真15

写真16

9．右手で持っているところを左手（小片をパームしている）に持ち替え、一方右手はロープから手を放して、ロープの反対側の端近くを持ち、２つの結び目を観客に示す（写真16）。両手とも受け手である。

第２段：結び目が消えて１本のロープに戻る

10．右手をロープから放し、次に左手から右手にロープを渡す。このとき左手に持っているロープの小片は左手にパームしたままである。

　左手はロープに沿ってロープを扱いていって右手にロープを巻きつけていく（写真17）。巻きつける動作の途中でタネの結び目に当たったら、左手に握り込んで、さらに扱いていき、２〜３回右手にロープを巻き

写真17

写真18

120

つけたら、左手は最後までロープに沿って滑らせていき、握っている2つの結び目を抜き取ってパームする。

11. 左手でポケットからハサミを取り出しながら、パームしている結び目と小片をポケットに置いてくる（写真18）。

ハサミで右手のロープの下端を挟んで掴み、グルグルと回して（マジカル・ジェスチャー）引っ張りだし、1つ目（写真19）2つ目と結び目が消えている（写真20）ことを見せる。

右手をロープから放して観客によく示す（写真21）。

写真19

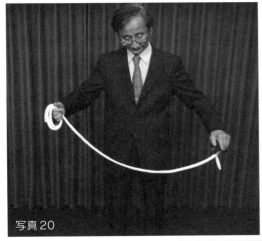
写真20

写真21

第3段：ロープの輪の中にハサミを通す

12. 左手のハサミで持っているロープの下端を右手で受け手で持ち、ハサミで持っている端を右手で持っているロープの上に手前から交差するように載せる（写真22、23）。

今載せた端とは異なる端を右人差指で内側に倒して、ロープの輪の中をくぐ

写真22

写真23

らせて一回結ぶ。すると先程ハサミで置いた方の端が手前に下がってくるから、この端を左手で取りに行く動作で、その端に左手のハサミのハンドルを通す（前もって、ハサミのハンドルから左手の4指を抜いておく）。端がハサミを通ったら、ロープを人差指と中指の間と中指と薬指の間に通して挟んで持つ（写真24、25）。

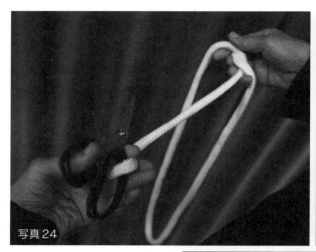
写真24

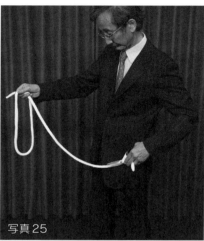
写真25

　右手の方も、結び目の先端を親指と人差指とで持ち、交差しているところを他の指で保持するように持ち直しておく。

13. すぐに左手を手前に引いて、右手の輪を小さくする（写真26）。左手のハサミを右手の輪の中に入れるしぐさをしながら「サーカスでライオンやトラが火の輪を潜るのがあるでしょう。

写真26

写真27

今日はハサミの輪潜りをお見せしましょう」と言って、左手のロープを挟んでいる人差指を放しながら、ハサミを右手の輪の中に放り込む。同時に、右手は親指と人差指で摘んでいる端以外のところを放すと、ロープの輪の中に入ったハサミがぶら下がる（写真27）。

第4段：カットした2本のロープが1本に戻る

14. ロープの両端を右手に持ち、左手でロープの輪を持ち上げて輪の中にハサミが入っていることを示す（写真28）。

フェニックス・ロープ

15. 左手で持っているロープの輪をハサミで切るために、右手に渡すと見せて、左手に持っているところを右手に置きに行きながら、右手で持つ2本のロープのうち、ロープの輪と一直線になっている方のロープに掛けながら、代わりに一直線のロープを親指と人差指で挟んで持ち上げ（写真29、30）、右手の2本の左側に置く（写真31）。ロープをきれいに並べる。

16. 左手にハサミを嵌めて持ち上げたループの部分をカットする（写真32）。実際にはロープの端を切ったにもかかわらず、観客はロープの中央を切ったと思っている（写真33。切ったロープの端を色違いで示している）。

写真28

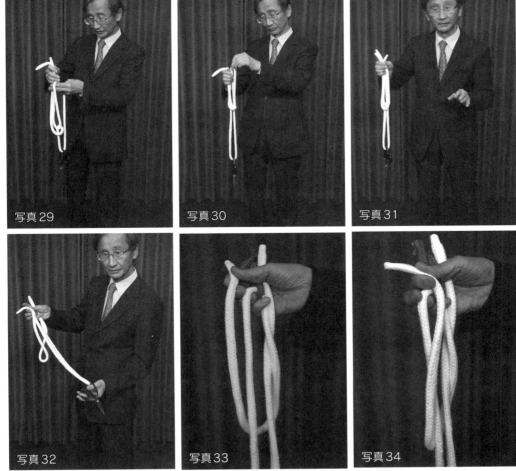
写真29　写真30　写真31

写真32　写真33　写真34

123

17. 左手はハサミを持ったままで、右手の4本のうち左から2番目のロープを中指と薬指で挟んで左端に移す（写真34）。

　左手はハサミを持ったままで、向こう側から右手の4本のロープに近づけ、左から2本目のロープを中指と薬指で挟んで（写真35）素早く抜き出すようにして、端を輪の外側に落とす（写真36）。

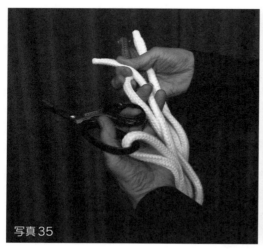
写真35

写真36

　続いて右手の3本の端のうち左側の2本（U字の短いロープ）を残して右端のロープを放し、ハサミを下に引っ張ると、ロープは解けて今切った2つの端が落ちてきたように見える（写真37、38）。

写真37

写真38

写真39

　ロープからハサミを抜いて（写真39）、ポケットに仕舞う。

フェニックス・ロープ

18. 垂れ下がっている2つの端を左手に握り込んで持ち上げ、息を吹きかけるが（写真40）、繋がらない（写真41）。このとき顔を小刻みに左右に振って、ダメでしたというジェスチャーをする。

写真40

写真41

写真42

19. 短い方のロープを左手で輪から引き出して結びを解いてから（写真42、43）、このロープを右手指先の2本の端の左側に並べて置く（写真44）。

写真43

写真44

　もう一度ロープをくっ付けるために、左手で垂れ下がっている長いロープの下端を持って右手に近づける。このとき右手は左側に並べた端をU字の短いロープの端と入れ替えておき、この入れ替えた端と左手の端とをくっ付けて見せる（写真45）。

125

澤浩のロープマジック―――奇術編

写真45

写真46

写真47

20. ここで一旦両手を離し、右手の端を左上腕に擦り付けてから、次に左手の端を右上腕に擦り付けるマジカル・ジェスチャーをする（写真46、47）。

再び両端を合わせて、右手の端（U字のI端）を左手に持って（写真48）、短いロープを引き抜きながら両手を左右に拡げて1本に繋がったことを見せていく。ロープの半分くらいを引き出したら（写真49）、右手はロープの中央を持ったまま、残りの半分をパラパラと落す。

そして左手のロープを右手に渡すと見せて、すぐに左の方にロープを引いて大きく拡げて見せる（写真50）。

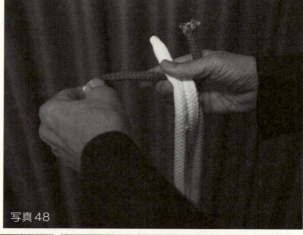
写真48

写真49

写真50

フェニックス・ロープ

第5段：ロープを何回切っても元に戻る

21. 右手のロープを左手のロープに並べて渡し（写真51）、左手を返しながら今置いたロープの端を落とす（写真52）。これは何気なく、ロープを改めている動作である。動作の間中ロープのつなぎ目は、左親指と人差指で持ったままである。

22. 間をおかず、再びロープの下端から20cm程のところを右手で持ち、このロープを左手のロープの左側に並べて置く動作で、左手指先の短いロープを左中指で親指の付け根の方に押し込んで（写真53、54）2つに畳んで右手の平に置き、左手はそのまま前に出して、長いロープの端を並べて置く（写真55）。

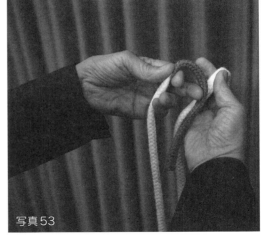

23. 左手で2本のロープを持って前方へ動かし（写真56）、右手は2つに折り畳んだ短いロープを持ったままロープに沿っ

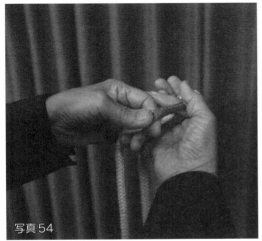
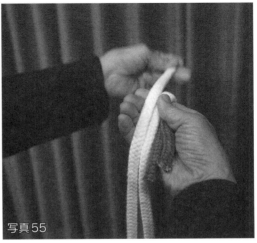

澤浩のロープマジック―――奇術編

写真56

写真57

て滑らせていく。そして右手がロープ中央の折り目まで来たら、右手を観客の方に出しながら、握っている短いロープの折り目を指先から突き出して（写真57）、さもロープ中央であるかの様に見せる（写真58）。つなぎ目は出来る限り親指だけで少なく隠すようにする。

写真58

写真59

24. ポケットからハサミを取り出し、ロープ中央の折り目のところをカットして（写真59）、ハサミをポケットに仕舞う。

　垂れている2本のロープを、左人差指と中指の間を通して受け手に掛ける（写真60）。左手を右手の甲まで上げていって（写真61）、左親指で右手の2本の端（短いロープ）を2つ折りにして、左手にサム・パームす

写真60

写真61

128

フェニックス・ロープ

写真62

写真63

写真64

写真65

る（写真62、63）。左手はそのまま前方やや上方に動かし、右手の拳に息を吹きかけてから（写真64）、ロープを放して繋がっていることを見せる。

　両手でロープをぴーんと張って示す（写真65）。左手は2つ折りの短いロープを2本をサム・パームしている。

25. ロープの両端を合わせて2つ折りにし、さらにもう一度折り曲げて（写真66）左手に持ち、これを右手に持ち替えるときに、左手にサム・パームしている2つ折りの短いロープを右手の指先に取りながら、右手を前方に動かし、左手は4本のロープを掴んで扱いていく（写真67、68）。

写真66

澤浩のロープマジック―――奇術編

写真67

写真68

写真69

　左手でポケットからハサミを取り出し、2つの折り曲がっているところを2つ共カットする（写真69、70）。ロープの端が4つ見える。

26．ハサミで垂れているロープの1つの端を挟んで（写真71）、右手の甲を一周して右親指に渡すときに、

写真70

写真71

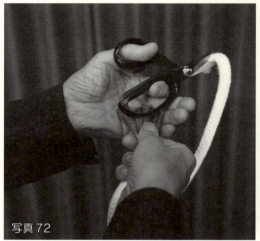
写真72

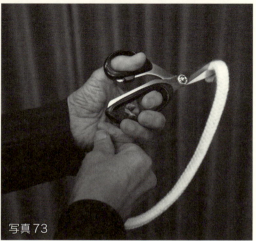
写真73

フェニックス・ロープ

ハサミを持つ左手の中指以下の3指を伸ばして、右手指先の4つの端を握り取ってしまう（写真72〜74）。更にハサミで摘んでいる端をぐるっと回して右手に渡す（写真75、76）。

ハサミ（と短いロープ）を左ポケットにしまい、左手で右手に巻きつけたロープの上端を引っ張り出す（写真77）。4分の3ほど引っ

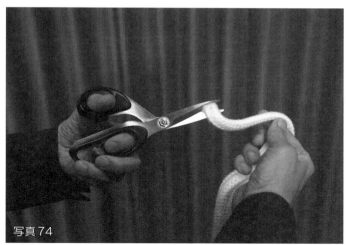
写真74

写真75

写真76

写真77

写真78

澤浩のロープマジック―――奇術編

張り出したところで動作を止め（写真78）、右手の中のロープのねじれを利用して、2つのコブを作って左手に握り、切れている2つの端のように見せる（写真79）。

　コブを左手に握り込み、小刻みに揉んで（マジカル・ジェスチャー）繋がって1本のロープになったことを示す（写真80、81）。

27. ロープが1本しかないことをはっきりと見せ、観客に渡して調べてもらう。

写真79

写真80

【考　察】
　澤はこの手順を、立川すみとの『浮かれ床屋』の曲に合わせて全く異なる雰囲気の演出でコミカルに演じることもある。

　『ロープの輪に飛び込むハサミ』は以前、"The Scissors"と題して図のみの解説書が出版されたことがある（マジックランド刊）。

　第5段の『幾重に切っても繋がるロープ』は『Swinging Restoration』と題して『Sawa's Lecture Note on Rope』に解説がある。

写真81

　解説の28で行うハサミを持つ左手に、右手に持つ余分なロープの固まりをスチールする技法は、バーノンが彼のカップ・アンド・ボールで使う『スピン・バニッシュ』からヒントを得たと考えられる。
　また同じ28で、まだロープが切れた状態であるかのごとく見せる動作（写真79）は、マーチン・ルイスに見せられたものの澤バージョンである。

ラブ・ミー・テンダー

【現　象】

プレスリーの『ラブ・ミー・テンダー』の音楽に合わせてこの奇術が演じられる。

長さの異なる3本のロープが取り出される。3本のロープの両端を持って引っ張ると、3本は同じ長さになる。

うち2本を手の中で揉むと1本の長いロープになる。さらに除いたもう1本のロープと重ねて持ち両端を引っ張ると、長さが異なる2本のロープは同じ長さになる。

同じ長さの2本のロープを揉むと再び長さが異なる2本のロープになり、この2本を結んで手の中で揉むと、結び目は消えて1本の長いロープになる。

ヘン・フェッチ考案の『3本ロープ』は、ゴードン演出の『教授の悪夢』というストーリーを得て、最も有名なロープ奇術の1つになった。

澤は本来の『3本ロープ』の3本のロープの長さの変化だけでなくジャン・メランの手順を参考にして、2本のロープの長さの変化、最後に1本のロープになるという手順にした。

【準　備】

1．普通の『3本ロープ』のセット。短（28cm）、中（77cm）、長（127cm）を1本ずつ。各端はボール・エンドにしておく（図1）。

2．3本のロープを揃えて数回折りたたんで束ねておく（図2）。

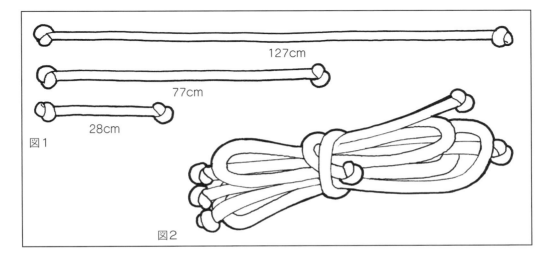

澤浩のロープマジック―――奇術編

【方　法】

　静かな曲がバックで流れる雰囲気で演じる（澤はプレスリーの『ラブミー・テンダー』を使っている）。

第1段：長さの異なる3本のロープが同じ長さの3本になる

1．準備した3本のロープを持って登場し、長、中、短と長さの異なるバラバラな3本のロープであることを見せてから（写真1）、揃えて右手に持つ。

2．ここで、『ハンギング・ムーブ』（技法編51頁）の技法で、右手の3本のロープを、短、中、長の順で1本ずつ左手に掛けて並べているように見せて（写真2）、実際は3本を図3の状態にする。

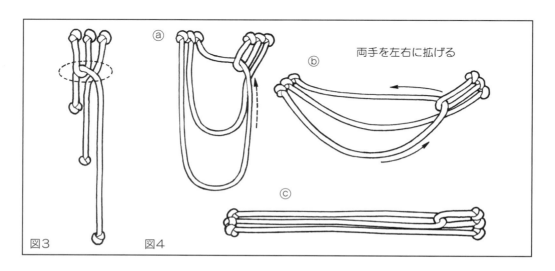

ラブ・ミー・テンダー

3．3本を右手で取り上げ、右手の平を観客の方に向けて右の方に伸ばして3本のロープを示す（写真3）。このとき、図3の点線で示した箇所を親指で押さえて隠し、3本のロープに『分離感』をもたせるようにする。

　右手に持っている3本のロープの下端を、長、中、短の順で左手で取り上げて正面で示し（写真4〜6）。

　観客の目の前で、両手で左右に引き伸ばして3本を同じ長さのロープに変えてしまう（写真7）。

　実際は図4のa〜cのようになっていく（詳しくは技法編51頁の『ハンギング・ムーブ』参照）。

4．左手に持っている端を1本ずつ放して右手に垂らして持ち、『ドロップ・メソッド』（技法編47頁参照）でバラバラな3本にフォールス・カウントする（写真8〜10）。

第2段：3本のロープのうち2本が繋がって1本になる

5．最後の1本（中のロープ）を右手で右肩に掛け（写真11）、2本のロープの両端を左右の手に持って示してから（写真12）、左手の2つの端を右手の2つの端の左側に並べて置く（写真13）。

6．ここで、次のようにもう一度フォールス・カウントして、この2本のロープがバラバラであることを示してから、すぐに1本にして見せる。
- 左手で左側の1本を掴み、左斜め前方に伸ばして（写真14）、「1」と数える。
- 左手で次の1本を人差指と中指に挟んで持ち、左前方に拡げて（写真15）、「2」と数える。
- 左手を戻して人差指と中指で挟んでいる1本を右手のU字の短いロープの下に突っ込みながらU字の2本を左手でつかんで（写真16a～d）前方に伸ばして（写真17）、「3」

ラブ・ミー・テンダー

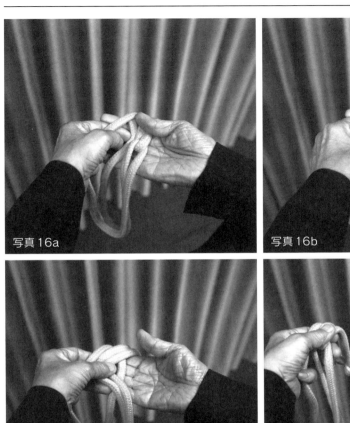

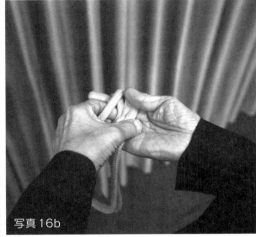

と数える。
- 最後に、右手に残っているロープの端を指先で示し（写真18）、「4」と数える。

- 左手を上げて右手と合わせ（写真19）1本の端を持っている右手で、左手の短いロープの2つの端のうちの1つを上から掴み、右

137

澤浩のロープマジック―――奇術編

写真19

写真20

写真21

手を上にあげながら、左手に持っているロープをふわっと空中に放し（写真20）、左手をロープ沿いに下方向に動かして両手を拡げて、ロープが1本になったことを示す（写真21）。

第3段：長さの異なる2本のロープが同じ長さの2本になる
7．左手を長いロープから放し、肩に掛けたロープの端を親指と人差指で掴んで滑らせて取る（写真22）。
　左手に持っている中ロープを右手に渡すと見せて、次のように右手の陰で長いロープの端とすり替えてしまう。

写真22

写真23a

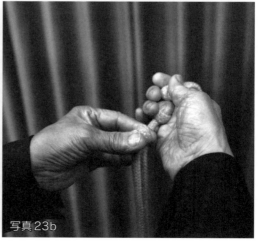
写真23b

138

ラブ・ミー・テンダー

写真23c

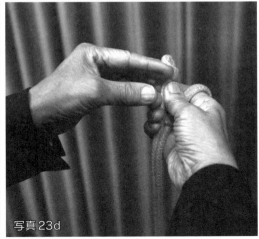
写真23d

● 左手で掴んでいる端を右手に下から近づけ（写真23a）、人差指と中指で右手の長いロープの端を挟んで（写真23b）取り、代わりに左手の中ロープの端を右手に置いて（写真23c）、左手を上方に動かして（写真23d）人差指と中指で挟んでいる端を右手の指先から5cm程突き出して置く。

写真24

写真25

8．左手を逆手にして、人差指と中指で右手の前に垂れている短いロープの端を掴み、親指と人差指で5cm程突き出して置いた長いロープの端を摘み（写真24）、左手をゆすりながら上方に上げて長いロープを引き上げていって（写真25）、長さを揃えて示す（写真26）。

写真26

写真27

9．2本のロープを左右の手に1本づつ持って示し、2本のロープの長さが一緒になったことを見せる（写真27）。実際は左手に1本の長いロープ、右手に短と中のロープを持っている。

第4段：2本のロープが異なる長さに戻る

10．左手のロープを右手に重ねるように置いて右手に持ち、今置いたロープを左手で引っ張り降ろし、左手のロープの上端が右手の親指のところに来たら、引っ張る動作を止めて（写真28）、左右にずれている形で2本のロープを左右の手で持つ（写真29）。

写真28

写真29

写真30

11．2本のロープを2つ折りにして右手に持ち（写真30）、U字で垂れている2本のうちの中ロープの方を左手で摘んで（写真31）引き出して左手に持つ。右手は短かいロープの端と長いロープの端を握って、長いロープの他の端を放す。

　左右の手を離して長いロープと短いロープになっていることを示す（写真32）。

写真31

写真32

第5段：2本のロープが繋がって1本のロープになる

12．右手の長いロープ（長、短）と左手の短いロープ（中）とをよく見せてから（写真33）、左手のロープの上端を右手のロープの上端の下から交差させて当て（写真34）、これを左

ラブ・ミー・テンダー

写真33

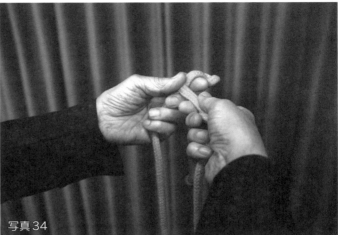
写真34

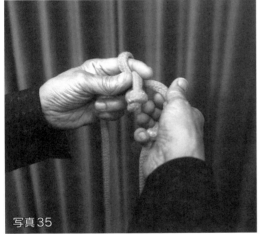
写真35

写真36

手人差指で下から上方に捻って両端を掬めたら（写真35）、これを右手で握り、代わりに右手の拳の中の短いロープの端を左手中指ではね上げて入れ替える（写真36）。

　右手に中ロープの上端と長ロープの上端を握ったまま、短いロープを中ロープに巻きつけて両端を引くとすぐに解けるように結ぶ（写真37）。

13. 左手で中ロープの下端を取り上げ、この端を観客に持たせてロープを強く引っ張り合い、結び目がしっかりと結ばれている

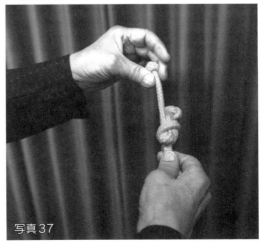
写真37

141

澤浩のロープマジック―――奇術編

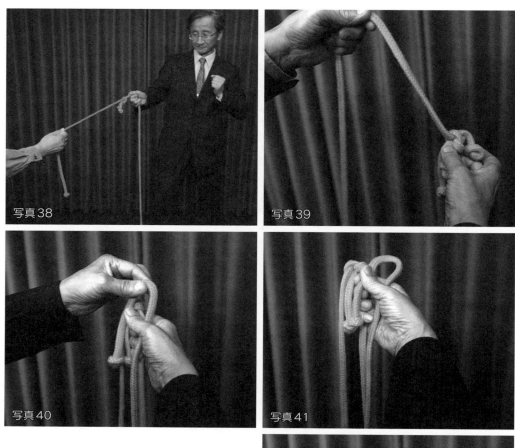

ことを示す（写真38）。

14．観客からロープの端を（左手に）返してもらう時、右手で握っている中ロープの端と結んである短いロープの端とを持ち替え（写真39）、左手は長いロープを下方に手繰っていき、その下端を取り、右手の平まで持ち上げて（写真40）右手に渡し、端を下方に垂らす（写真41）。このときこの長いロープの端は横のロープの端に並べて垂らす。

15．左手で、左に垂れている中ロープの下端を受け手で取り上げ、右手の垂れている長いロープの端と短いロープの端を一緒に握る（写真42）。
　　左腕を上げて、両手の甲を観客に向けて、ロープを左右に強く引っ張っている演技をし

ラブ・ミー・テンダー

写真43a

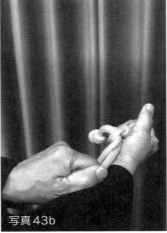
写真43b

写真44

てから（写真43a・b）、結び目に息を吹きつける（写真44）。ロープを強く引っ張って結び目を解き、左手に握っている端のうち短いロープの端だけを放し、右手に短いロープと長いロープの一端、左手に長いロープの他端と中ロープの一端を握って大きく拡げて、ロープが繋がって1本のロープになったことを示す（写真45）。ロープを右手に巻き取っていき（写真46）、幾つかに折りたたんで、奇術を終わる（写真47）。

【考　察】
　『ボール・エンド』の原理を使うことによって、原案の手順に比べ、やり易くなっている。

写真45

写真46

写真47

トリオロス・ロープ

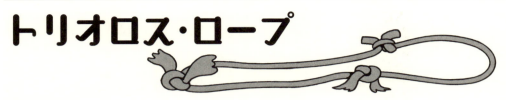

【現　象】
映画『スティング』のテーマが流れる。

　同じ長さの3本のロープが示される。それらがバラバラであることを見せ、空中へ放り上げると、ロープは各々結ばれて1つの大きな輪になっている。

　大きな輪の1つの結び目を解き、ロープを巻き上げて丸めてから、観客に1方の端を持ってロープを伸ばすと、結び目は消えて1本の長いロープになっている。

　この奇術は『トリオロス・ロープス』と題して『沢浩作品集』（1974年）に発表されたのが初出である。後に『Sawa's Library of Magic』（1988）にも『Torrio Los Ropes』で発表されている。ここに解説するのは、新しいバージョンである。

【準　備】
1．3.2m程の長いロープが1本。同じ材質の18cm程の短いロープが2本必要である。

2．長いロープを6つ折りにし、1つの端に緩い結び目を作る。
端と同じ側の2か所の折り目に、短いロープを結び付けて『取れる結び目』を作り（図1、2）、『取れる結び目』XをYの右側に移して、右端のロープの結び目の中にXの結び目を軽く押し込んで留めておく（図3）。

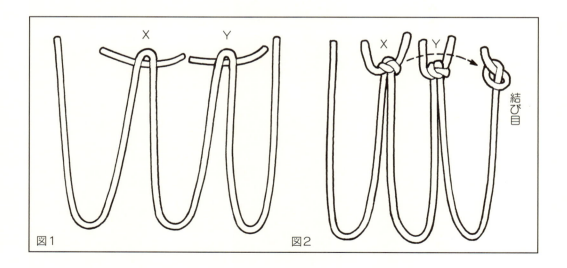

トリオロス・ロープ

【方　法】
第1段：3本のロープが一瞬の間に結ばれて大きな輪になる

1．図3の状態のロープを右手に持って登場する。右手のロープを次のようにフォールス・カウントで左手に1本ずつ数え取ったように見せて3本に数える。

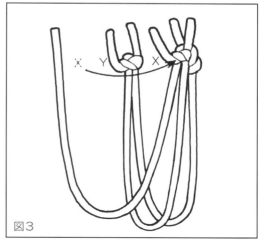
図3

- まず一番左側の端を左手で取って左に拡げて（写真1）、はっきりと観客に示して「1」と数える。
- 2本目を取るために、左手を右手に近づけながらロープを人差指と中指

写真1

写真2

に挟んで持ち替え（写真2）、この端を右手の人差指と中指の間に置きながら、右手左側の『取れる結び目』で結びつけた2本（Y）を取り（写真3、4）、ロープを左方に拡げて、「2」と数える。

- 次に、右手の人差指と中指に挟んでいる端（「1」と数えた端）を左手に取り、拡げて（写真5a・b）、「3」と数える。
- つづけて、今取った端と右手の『取れる結び目』で結びつけた2本（X）を

写真3

澤浩のロープマジック―――奇術編

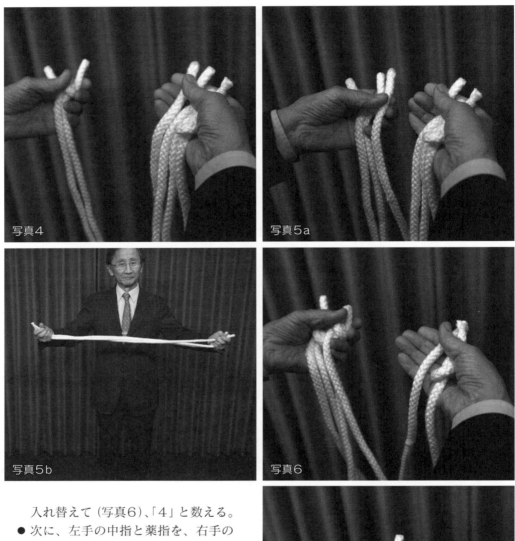

写真4
写真5a
写真5b
写真6
写真7

入れ替えて(写真6)、「4」と数える。
● 次に、左手の中指と薬指を、右手の右側の緩い結び目の輪の中に入れて取り上げ(写真7)、両手を左右に拡げて「5」と数える。そして、右手に残っている1本を「6」と数えて左手に置くが、この端を緩い結び目の輪の中に差し込んで引き出し(写真8、9)、左右両手の親指と人差指で結び目をしっかりと締める(写真10)。

2. 右手で左手の下でロープ全体を掴

トリオロス・ロープ

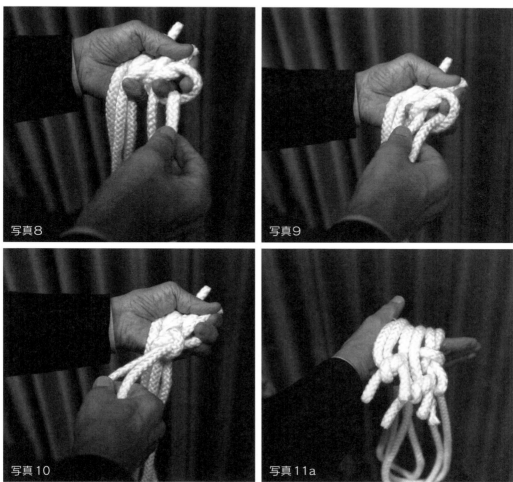

写真8
写真9
写真10
写真11a

み、左手は上端部分を右手の甲側に倒す（写真11a・b）。

3．右手のロープを空中に投げ上げ、落ちてきたところを拡げて見せ、3本のロープが結ばれて大きな輪になっていることを見せる（写真12）。

第2段：結ばれた3本のロープが1本の長いロープになる

4．繋がっている輪の3つの結び目を観察して本当の結び目を探し、この結び目の両側を両手で持って『見せかけの引っ張る動作』を行ってから、結び目を解く（写真13）。

写真11b

147

澤浩のロープマジック―――奇術編

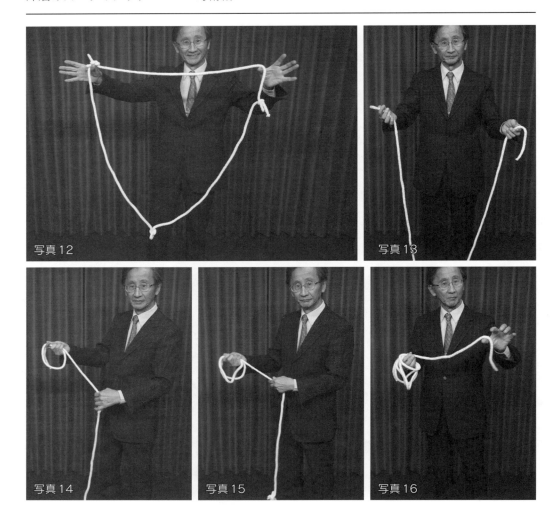

5．左手のロープを放し、左手でロープを右手に巻き取り始める（写真14）。巻き取っていく途中で左手に結び目（取れる結び目）が入ってきたら（写真15）結び目を外し、これを右手に渡しながら、動作を止めずにロープを手繰って巻き取っていく。つづけて、2つ目の結び目が左手に入ってきたら、結び目を外して、巻き取る動作で右手の中に渡す。

6．ロープをほぼ右手に巻き取り終えたら、ロープを持ったままで左手の平を見せて、何もないことを観客に示す（写真16）。

7．左手で持っているロープの端を観客の方に振り出しながら、観客に「このロープの端を持って下さい」と言う。このとき、右手の2つの結び目を左手にパームして取ってしまう（写真17）。

トリオロス・ロープ

8．観客がロープの端を持ったら、左手を引き戻しつつ、体を左に向けながら歩き、右手のロープを少しづつ放して伸ばしていく。（写真18）観客から左手が見えなくなったら、パームしている結び目を左ポケットに入れてしまう。

9．観客がロープを放したら、それを手繰って、何度かぴ～んと引っ張って仕掛けがないことを示して終わる。

【考　察】
　これは、『トリオロス・ロープ』の新しい方法である。それは、フォールス・ノットの作り方を変え、結び目を取りやすくしたことである。これによって、スチールが非常にやりやすくなった。

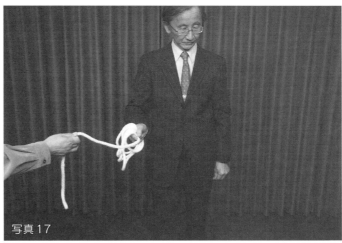
写真17

写真18

澤浩のロープマジック────奇術編

ロープの四重奏

【現　象】

　長さが同じ3本のロープを示す。ロープを引っ張ると、3本のロープが伸びて長くなる。
　ロープを両手の間で揉むと、3本の長さがそれぞれ変わり、長、中、短の3本になる。
　もう一度ロープを揉むと、再び3本のロープの長さは同じになる。
　3本のロープを各々結び3つの輪を作り、そのバラバラの輪を空中に放り上げると、1つの大きな輪になって落ちてくる。
　輪の結び目を解いて3本のロープであることを示してから、ロープを放りだすと3本のはずのロープは1本の長いロープになる。

　原題は『ロープの五重奏』と言い、5つの基本的な効果からなる手順である。澤はこの奇術の各効果を練習すれば、より楽に他の奇術をマスターできると考えている。

【準　備】

1．長、中、短の3本のロープを用意する。長いロープの長さを1.5mとして、3本ロープのセットを組む（図1 a・b）。各ロープの端はテープを巻いて留めておく。

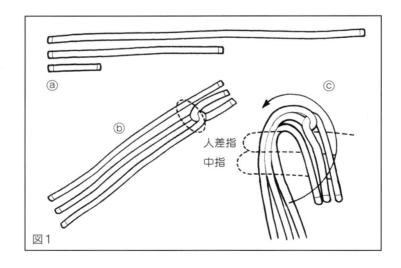

図1

2．右手で短いロープと長いロープの交差しているところ（図1bの点線○部分）を持ち、左手で垂れている3本のロープを掴んで（写真1）、右手の人差指と中指に3本のロープをしっかりと2周巻き付けたのち（写真2～4）、右手の人差指と中指の間から3本のロープの一部を巻きの中に押し込む（写真5）。右手の指を巻きつけたロープの輪から抜き出して固

ロープの四重奏

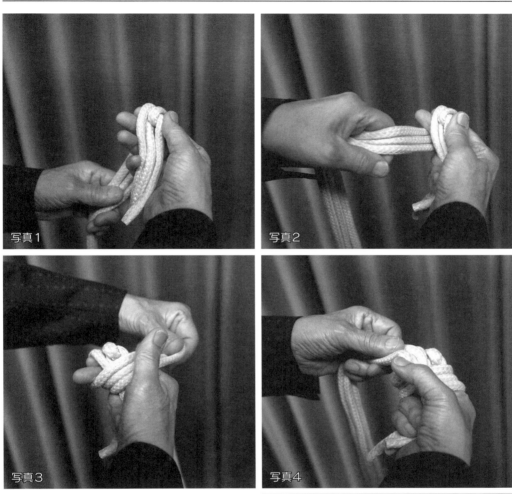

まりをつくる（写真6）。長短2本のロープの交差部分が固まりより少し出る程度にしておく。

【方　法】
第1段：伸びるロープ
1．ロープの固まりを隠して右手に持ち、甲側を観客の方に向けて登場する（写真7）。
　垂れ下がっている3つの端を左手でつかみ、1本ずつ放して「1、2、3本のロープがあります」と示す。

151

澤浩のロープマジック――――奇術編

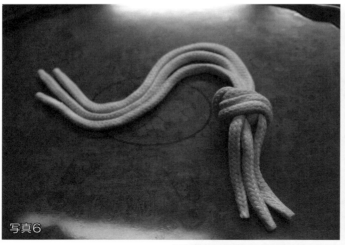
写真6

写真7

2．垂れている3本ロープを左手を受け手にして人差指と中指の間に挟み、そのまま下端近くまで滑らせて（写真8）、ロープを挟み持ったまま右手に近づけ（写真9）、右手の固まりの上端を左手の親指の付け根に挟んで取り、左手の3本の端を右手の人差指と中指の間に挟んで（写真10）、左右両手のロープのポジションを入れ替える。

3．右手をロープの端まで滑らせてから、両手でロープをピンと張る（写真11）。

4．右手を右の方に伸ばし、持っているロープの端を1本ずつパラパラと放していく（写真12、13）。

5．左手のロープの上端を右手で掴み（写真14）。3本

写真8

写真9

写真10

152

ロープの四重奏

のロープを少し引っ張り出して持つ（写真15）。一方、左手は人差指をU字で交差しているところの長いロープの間に、中指を長いロープと中ロープの間に差し込んで（写真16）ロープの固まりを解きながら左の方に動かしていく（写真17）。すると、まるでロープがぐんぐん伸びていくように見える（写真18〜20）。

写真11

写真12

写真13

写真14

写真15

写真16

153

澤浩のロープマジック────奇術編

　右手を正面に残したまま、左手を左の方に伸ばし、左手に持っている伸びたロープの端を1本ずつパラパラと放していく（写真21、22）。

第2段：3本が長さの異なるロープになる
6．右手の親指で長いロープと短いロープがU字で交

写真17

写真18

写真19

写真20

写真21

写真22

ロープの四重奏

差しているところを押さえて持ち、手の平を観客の方に向けて右向きになる。

　左手を逆手でロープに当て、左側のロープを人差指と中指で挟み、右側の2本の間に小指を差し込んで親指とで挟んで持って（写真23）、そのままロープに沿って左手を下方に滑らせていき（写真24）、端まで来たら左手を上げてロープを体の正面で横向きに持ち、3本のロープの間隔をあけてバラバラの3本に見せる（写真25）。

7．左手（のロープ）を右手の方に近づけ、左親指と人差指で持っている2本のうちの指先の方に持っている端（2つ折りになっている長いロープのうちの一端）を右手に置き、代わりに右手の短いロープの一端を持つ（写真26、27。短いロープは色を変えて示してある）。

155

澤浩のロープマジック────奇術編

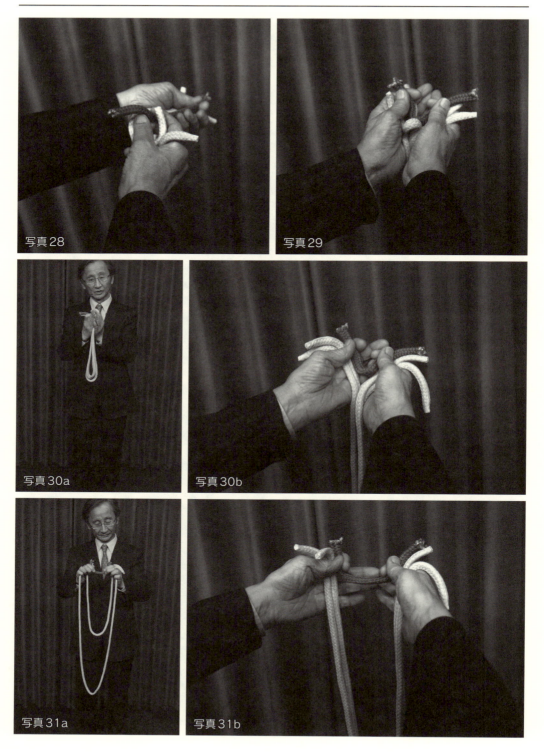

写真28

写真29

写真30a

写真30b

写真31a

写真31b

156

左手を前方に出して短いロープを長いロープから外し、その外した端を右手に持ち直して（写真28、29）、両手を合掌するようなポーズをして（写真30a・b）、両手を左右に拡げながらロープの中央部分を放して垂らして、長、中、短と3本のロープのサイズが変化したことを示す（写真31a・b）。

8．両手で持っている3本のロープを、長、中と1本ずつ左手から放していき（写真32、33）、短いロープは左手に持って示す（写真34）。

第3段：3本のロープが同じ長さに戻る

9．左手の短いロープの上に、右手の長いロープを左から右にクロスするように置いたら（写真35）、つづけて持っている中のロープを左手に置きに行くが、このとき左手の短いロープの手前の端を右手の親指ではね上げて前に折り曲げ、薬指と小指で長い方の端を手前に折り曲げてU字で交差させる（写真36、37。右手は省略）。

澤浩のロープマジック―――奇術編

　右手の中ロープを左手の2本の右に並べて置き、長さが異なる3本のロープを1本ずつ左手に移したように見せる。

10. 3本のロープを右手に持ち替え、左手で垂れている短い端を少し引っ張り降ろして少し長くなるように調整する（写真38、39）。

　左手をロープ沿いに滑り降ろし、長いロープの下端を持ち上げ（写真40）、次に中のロープの端、そして短いロープの端を一緒に持つ（写真41）。

写真37

写真38

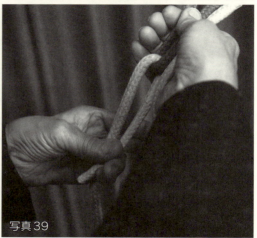
写真39

11. 体の正面上方で両手でロープを左右に引っ張って、再び3本のロープの長さを同じにする（写真42）。

　ロープから左手を放して右手に持ち、『ドロップ・メソッド』（技法編47頁）で3本の同じ長さのロープに数える。

写真40

写真41

158

写真42

写真43

第4段：3つの輪が1つの大きな輪になる

12. ロープを右手に持ち替える。これは長、短のU字交差のロープを左側に、その右に中のロープを並べて持つ（写真43）。

13. 長短交差ロープの下方に垂れている長いロープ2本のうちの手前のロープの下端を左手で取り上げ（写真44）、手前から持ち上げて右手の方に持っていって（このときロープの端を写真45のように手前に傾けておく）、この端を右手の中ロープの左隣に置きながら、左手は短いロープの右側の端を持って、傾いている端を元に戻す

写真44

写真45

写真46

澤浩のロープマジック―――奇術編

動作で前方に少し引っ張り出して元の端を置いたように見せる（写真46）。

　左手を一旦ロープから放し、U字の交差点にある長いロープの左側を左手で握って持ち（写真47）、交差している短いロープをこれに巻きつけて1回結ぶ（写真48、49）。

14．ロープを左右に2回ほどピンと張って、結び目をはっきりと示してから（写真50）、できたロープの輪を結び目を右手の甲に載せるように右手の親指を通し

写真47

写真48

写真49

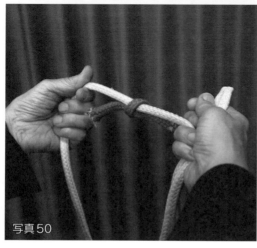
写真50

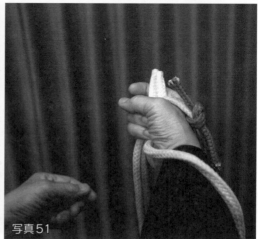
写真51

ロープの四重奏

て右手首の上に掛ける（写真51）。

15. 残り2本のロープのうち中ロープの端を左手に持って（写真52）、右手から抜き出して示してから、左手のロープの端を右手のロープの端の左側に置き、左手は同じロープを下の方に扱くと見せて、もう一方の長ロープを扱いて下端を取り上げ（写真53）、右手の左側のロープ（中ロープの一端）と結んで輪にする（写真54）。

16. 結び目をしっかりと示し、2つ目の

写真52

写真53

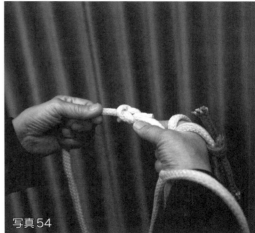
写真54

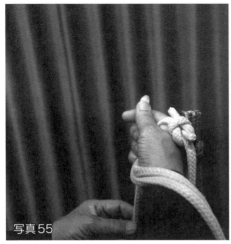
写真55

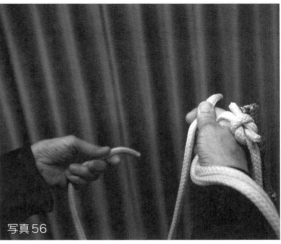
写真56

澤浩のロープマジック―――奇術編

輪を上記と同様右手首の上に掛ける（写真55）。

17. 右手の陰で、垂れている中ロープが交差しているところを左手で1〜2cm持ち上げて弛ませ、これを右親指先と人差指先でぎゅっと挟み付け、1本のロープのように見せる『ストレート・イリュージョン』（写真56）。

18. 左右の手で持っているロープの端を結んで輪を作る（写真57a・b）。

写真57a

写真57b

19. 右手首に掛けてある2つの輪を左手親指で引きこんで、3つ輪を一緒にする（写真58a・b）。

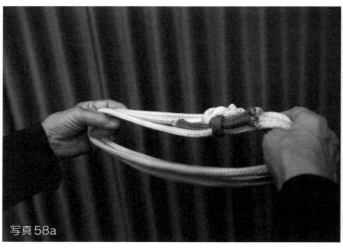
写真58a

写真58b

ロープの四重奏

　左手に持っている輪を1つずつ落とし、バラバラなように見せる（写真59）。このとき、交差しているところは右手の中に隠している。
　左側の観客に見せるために左に向き、右手を持ち上げてロープを1つずつ落としていって（写真60）、もう一度バラバラに見せる。

20. 3本の輪を空中に放り上げて、落ちてきたところを拡げて、3つの輪が1つの大きな輪になったことを示す（写真61）。

第5段：3本のロープが1本の長いロープになる
21. 3つの結び目のうち、1つだけ形が異なるものを（短いロープを結んである）輪の右下に来るように持ち、今トップにある結び目を解く（写真62）。

22. 右手の方のロープを放し、左手のロープの上端を掴む。左手はそのままロープを放さず、ロープに沿って扱いていき、左手が次の結び目まで来たら（写真63）両手を合わせて結び目を解き、左手のロープを右手に渡し、つづけて左手でロープを扱いていって次の結び目（短いロープの結び目）を右手指先に渡す（写

写真59

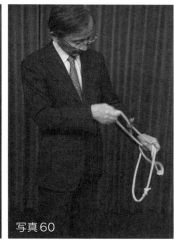
写真60

写真61

写真62

写真63

写真64

澤浩のロープマジック────奇術編

写真65

写真66

写真67

真64）。両手で結び目を解き、短いロープをU字に絡めたままで右手の3つの端と並べて持つ。左手はさらにロープを扱いていってロープの下端を掴み（写真65）、右手の上端と並ぶように渡す（写真66）。

23. フォールス・カウント（スロー・カウント）を次のように行い、長さが同じ3本のロープのように示す。
  ● 右手の一番左側の長いロープの端を左手に投げるように渡し、左手でこれを受け取って両手を拡げ（写真67）、「1本」と数える。
  ● 両手を合わせ、左手の端を右手に戻し、代わりに右手の2本の端（短いロープの2つの端）を左手に持ってロープを左右に引っ張り（写真68）、「2本」と数える。

写真68

  ● 両手を合わせ、右手に持っている中ロープの一端を左手で取りロープをピンと張って（写真69）、「3本」と数える。

24. 両手に持っている端を付き合わせるように左手を右手に合わせ（写真70）、右手は左手の短いロープの一端を右手の左側にある端の（最初に右手に戻した）端と一緒に持つ（写真71）。
　一方、左手は3本目に取った中ロープの端と右手の右側にある長ロープの端を一緒に握る（写真72）。
　上記以外のロープを放しながら、手を左右に拡げてロープが1本に繋がったことを示す（写真73）。右手は短ロープの一端と長ロープの一端を握り、左手は長ロープの他端と中ロープの一端を握っている。

ロープの四重奏

写真69

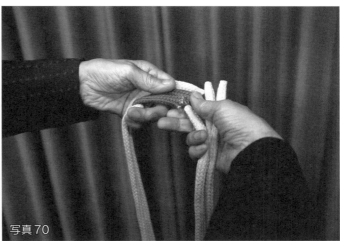
写真70

写真71

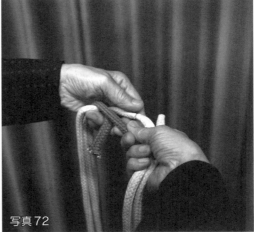
写真72

写真73

165

25. 左手でロープをゆったりと右手に1回巻き（写真74）。もう一度左手で右手にロープを巻くとき、左手に握っている2つの端も一緒に右手に渡す（写真75）。

さらに左手でロープを扱っていって端を掴み（写真76）、ロープを右手に巻いて渡す。

26. 左右の手でロープの輪を示し（写真77）、これを2つ折りにし終わる。

写真74 　写真75 　写真76 　写真77

【考　察】
第1段
　3本のロープで行うダイナミックな『伸びる現象』である。

第2段
　『3本ロープ』のイントロダクションを演じる。

第3段
　原作はボブ・カーバーの『長さが同じであり、異なるロープ』で、後にジョン・ゴードンが洒落たストーリーの演出を加え、『教授の悪夢』(Professor's Nightmare)の名で販売したものである。
　澤の手順の特徴は、3本のロープの長さの変化をはっきりと見せるための工夫をしていることにあり、注意深くハンドリングを参考にしていただきたい。

第4段
　ジム・カーラートの『サプライズ・エンディング』（Encyclopedia of Rope Magic）のバリエーションである厚川昌男の『3本のロープの輪』から知った澤流のやり方である。
　澤の狙いは、オリジナルに比べて、より3本のロープを全く別々のもの（彼の言葉で『分離感』という）に見せたいということであり、結果上記のようなハンドリングになった。

第5段
　クライマックスの1本の長いロープになる手順である。

水のようなロープ

「観客は、珍しいもの、美しいもの、変わったものを見たがるものだよ」

ダイ・バーノン

【現　象】

澤は水の性質について話し始める。それは「普通は液体である水が、雪や氷の固体、水蒸気である気体に変化する」と言うものである。そして「水のように状態が変わっていく様子をロープを使ってお見せしよう」と言う。

長さの異なる3本のロープを見せる。

3本のロープはいつの間にか、同じ長さの2本のロープになる。

2本の同じ長さのロープは、3本の同じ長さのロープに変わる。

3本のロープはいつの間にか、1本の長いロープになる。

最後に、ロープは観客に渡されて普通のロープであることが確認される。

3本ロープ（長さが何度も変わるロープ）を演じた後、クライマックスとして1本の長いロープになるという現象である。澤はこれを『観客にロープを手渡して、調べてもらうことができる』方法を考えた。そして、『水』というストーリーを展開することにより、奇術を身近なものにしている。

この奇術は2013年に行われた澤のレクチャー実施時に評判になり、当時、発売されたSawa's Lecture Seriesに詳しい解説がある。

【準　備】

1．1.8m程の長さのロープ1本が必要である。澤は『水』というストーリーを分かりしやすくするために、ロープを水色に染めて使用している。

2．ロープの両端は結んでのり付けしたボール・エンドにする。このロープに次のようにして、ボール・エンドに見せ掛けたフォールス・ボール・エンドを4つ作る。

- ロープを2つ折りにして中央を見つけ、中央より少し左側のところを捻ってループを作り、その輪の中に上に重なっているところを2つ折りにして向こう側から押し込んで、ループをしっかりと締めて、フォールス・ボール・エンドを作る（図1a～d）。
- 今作った結び目の右側にもう1つのフォールス・ボール・エンドを作る。2つのフォールス・ボール・エンドはくっ付いた状態で、同じ向きになるように調整する（図2）。
- 2つのフォールス・ボール・エンドの右側のロープを半分に折り上げて、右端のボール・エンドをフォールス・ボール・エンドの右側に並べて置く（図2b）。

澤浩のロープマジック―――奇術編

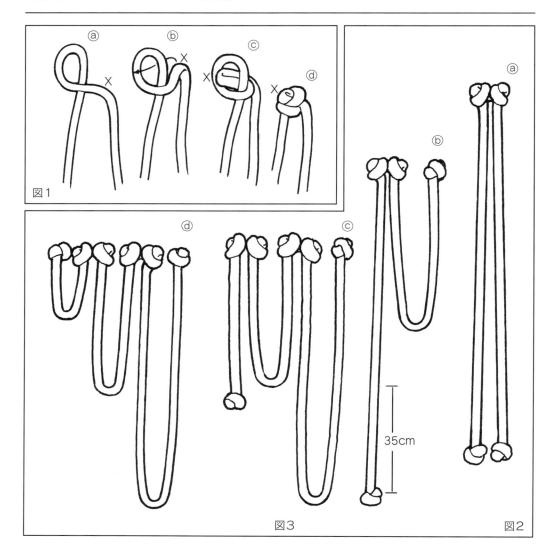

図1　図3　図2

- 次に、2つのフォールス・ボール・エンドの左側のロープの左端から35cm程のところに上記と同様にフォールス・ボール・エンドを2つ作り、最初に作ったフォールス・ボール・エンドの左側に、今作ったフォールス・ボールエンドを並べ（図2c）、その左側に短いロープのボール・エンドを置く（図2d）。以上で、6個のボール・エンドの端が見えていて、長さが異なる3本のロープかのように見える。

3．図3の状態のロープの6つのボール・エンドを並べて揃え、長い方のロープを巻きつけて止めておく（写真1）。
　以上のように準備したロープのボール・エンドのある方を右手に持って登場する。

水のようなロープ

写真1

写真2

写真3

【方　法】

「さて皆さん、人間の体の半分以上が水で出来ていると言われています。水は私たちの身近な、どこにでもありますが、不思議なものでもあります。すなわち、水は冷やして氷になり、温めると水に戻り、さらに熱を加えると水蒸気になって、空高く舞い上がり、それが冷えて、雪になって降ってきます。その雪を拡大して見ると、どの結晶もどれ一つとして同じ形はないそうです。誰が確かめたのでしょう……」

第1段：長さが異なる3本のロープが同じ長さの2本のロープになる

1．上記のセリフの後、「ここに水をイメージして、水色に染めたロープが3本あります」と言う。

巻きを外して3つのループを垂らす。ロープの垂れ下がっている部分を左手で持ち、長、中、短と放してスイングさせて見せる。

2．正面を向き、右手の一番左側の短いロープのボール・エンドを左手指先で持ち、右手指先で次の2つのフォールス・ボール・エンドの左側のボールを摘んで持ち、ロープをピンと張って（写真2）、短いロープとして見せる。

同じようにして中のロープを見せる（写真3）。このとき左右両手の親指で、他のフォールス・ボール・エンドを隠して見せないように心掛ける。

同様に、一番長いロープの2つのフォールス・ボール・エンドの右側のボールを左手で摘み、右手で右端のボール・エンドを指先に持って、両手をいっぱいに拡げて長いロープを見せる（写真4）。右手をボール・エンドから放し、左手の平を観客の方に向ける。

169

澤浩のロープマジック――――奇術編

写真4　　写真5

3．垂れ下がっている長いロープのボール・エンドを右手でサム・パームの位置に持ち、両手を合わせる。このとき、左手の左側の方にある短いロープの2つのフォールス・ボール・エンドを右手に移し取ってから（写真5）、両手を左右に少し拡げ、ネックレスを掛けるように、首の近くに当てる（写真6）。ロープは短、中、長の3連のネックレスのように見える。

写真6　　写真7

4．再び両手を合わせ、左手に持っている左端のボール・エンドを右手に移し、右端のボール・エンドと共に2つを右手でしっかりと握る。
　左手に残っている2つのフォールス・ボール・エンドを左手でしっかりと保持し、右手に持っている2つのフォールス・ボール・エンドを右手から放しながら、両手を左右に強く引っ張って2つのフォールス・ボール・エンドを消して3本のロープが2本のロープに変化したことを見せる（写真7）。

5．左手に残った2つのフォールス・ボール・エンドを右手に手渡しつつ、右手に保持しているロープを放し（写真8）、左手でロープを扱って2本のロープのねじれを直して平行にする。

6．2つのボール・エンドを左手に持って2本のロープを首にかけるしぐさをしながら（写真9）、「2連のネックレスに姿を変えました」と言う。

写真8

写真9

第2段：2本のロープが同じ長さの3本のロープになる

7．左手の2つのボール・エンドを右手の2つのフォールス・ボール・エンドの左側に並べて右手に持ち、次のようにフォールス・カウントしてバラバラの2本として見せる。
- 一番左側のボール・エンド1個を左手指先に取り、観客に示しながら「1」と数える（写真10a・b）。このボール・エンドはサム・パームの位置に移す。

写真10a

写真10b

- 次のボール・エンドを取って、「2」と数える（写真11a・b）。
- 3本目のとき、左手のボール・エンド1個と右手の2つのフォールス・ボール・エンドを交換する。これは右手に左手が近づいたとき、右手の陰で、左手のボール・エンドを右手のフォールス・ボール・エンドの下に滑り込ませて、代わりに2つのフォールス・ボー

水のようなロープ

171

澤浩のロープマジック―――奇術編

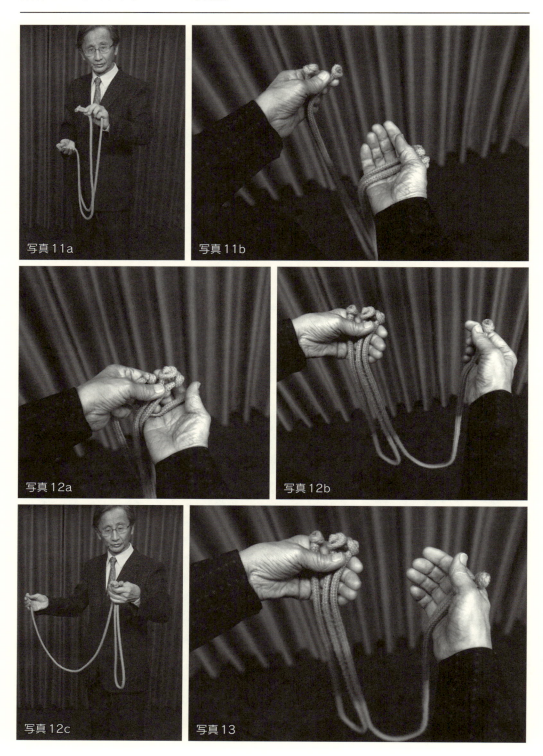

写真11a
写真11b
写真12a
写真12b
写真12c
写真13

水のようなロープ

ル・エンドを掴み取って（写真12a〜c）、「3」と数える。
- 右手に残ったボール・エンドを右親指と人差指で挟んで持って示す。「4」と数える。

以上は、澤独自のスイッチで、ボール・エンドのロープがバラバラなことを示すときに適する方法である。

8．右手のボール・エンドの持ち方をサム・パームに変えて（写真13）両手を合わせ、右手中指を2個のフォールス・ボール・エンドのすぐ下の間に向こう側から挿し込んで（写真14）、ロープを右に強く引っ張ってフォールス・ボール・エンドを解いてしまう（写真15）。

ロープを左手の指の間を滑らせながら、さらに右中指、薬指、小指でループを拡げてロープを引っ張っていき（写真16）、3本のロープが同じ長さになったところで（写真17）伸ばす動作を止める。

ロープは両手の間でZ型に張られている（澤の『ゼット・フォーメーション』（Z-Formation）と呼ぶ）。

写真14

写真15

写真16

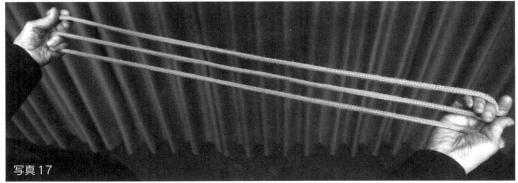
写真17

173

澤浩のロープマジック―――奇術編

　現在の両手の状態は、左手は人差指と親指で左端のボール・エンドをつまみ、薬指、小指でループになっている部分をひっ掛けて手の陰に隠している（写真18）。右手は右端のボール・エンドをサム・パームし、ループの部分を手の中で親指で押さえて保持している（写真19）。

写真18

写真19

9．ロープをZ型に持ったまま、右親指、人差指、中指で隠しているループの上部を右の方へ引っ張り、左手は保持しているボール・エンドを右の方へ少しずらして、両手のループの部分を少し長くしておく（写真20。両手は省略してある）。

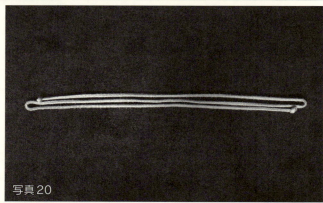

写真20

写真21a

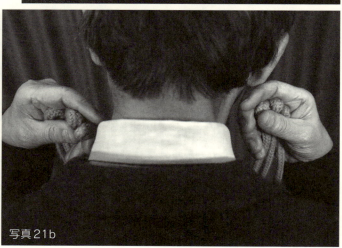

写真21b

174

10. 両手を肩に回して「同じ長さの3連になりました」と言いながら（写真21a）、左右にあるループ部分を、両手の親指で夫々2cm程手前に折り曲げて小さなループを2つずつ計4作っておく（写真21b）。これで左右の手にボール・エンドを3つずつ持っているように見える。

第3段：3本のロープが1本の長いロープになる

11. 両手を肩から降ろし、6つのボール・エンドを正面で示す（写真22a・b）。本物のボール・エンドだけをしっかりと持ったまま、両手を近づけて、両手でロープを左右に引っ張って3本が一瞬に1本に繋がったことを示す（写真23）。

写真22a

写真22b

12. 観客にロープを渡して、調べてもらう。

【考　察】

　澤考案の『フォールス・ノット』の原理と『フォールス・カウント』によってこの奇術は成り立っている。

　特に、最初に短、中、長の3本のロープに見せる時のタイミングと注目のさせ方が重要である。すなわち、このときのロープの『分離感』を観客にしっかりと示すことである。

写真23

　フォールス・カウントにおいて、3本目を左手に取る時（1本と2本をスイッチするとき）、左手を返して2本をひっくり返して左手に取ることが重要である。このようにすると、4本目のロープの弛みがねじれることなく、後の動作がやりやすくなる。

澤浩のロープマジック―――奇術編

ワッ！

目の前で作ったロープの輪が、伸びて大きくなるというシンプルな奇術である。

【現　象】
　よく改めたロープの端を結んで輪を作る。輪を何度か扱くと、ロープが伸びて、大きな輪に成長する。

【準　備】
1．1.8m程の長さのロープ1本。

2．ロープの端から10cm程のところから、5～6cm幅でジグザグに折りたたんでいく。ロープの半分ほどを折りたたんだら、折りたたみの周りを2周ほど巻いて、ボール状にしてその下にロープを押し込んで止め、残りのロープを下に垂らす（図1 a～d）。
　これでロープの両端を引っ張れば、ボールは解けてしまう構造になる。

3．ボールを右手に握り込み、垂れているロープを巻き上げて右手に持って登場する（写真1）。

【方　法】
1．上端は保持したままで、他端を放し、巻きつけたところを垂らす。パームしているボール部分が観客

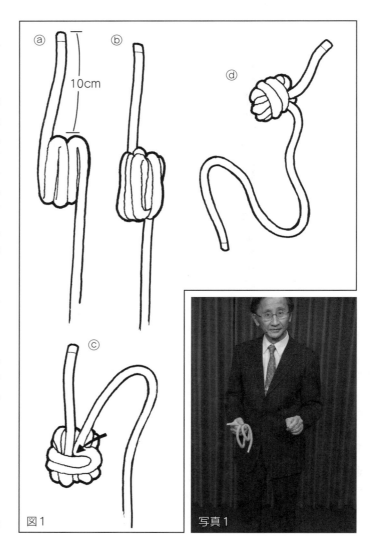

図1　　　　　　　　　写真1

176

から見えないように注意すること。

2．垂れているロープを受け手で左手人差指と中指の間に挟み（写真2）、滑らせていって下端を持ち上げて、右手の方に持っていく。そして、左手のロープの端を右手の人差指と中指の間に入れ、同時に右手のロープの上端を左手で掴み（写真3）、ボール部分を密かに左手に渡す（パスする。写真4、5）。

　右手はそのままロープに沿って、右の方にロープを扱いていって人差指と中指で挟んでいるところをパラッと放す（写真6、7）。

写真2

写真3

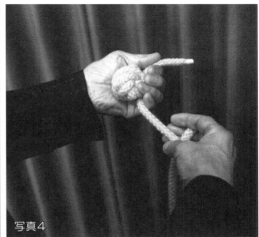
写真4

写真5

写真6

写真7

澤浩のロープマジック――――奇術編

　以上の動作（ボールの右手から左手へのパス・ワーク）は単に、ロープを扱いてロープに仕掛けがないことを示したように見えなければならない。

3．ロープの両端を観客に示し、それらを結んで輪にする。

4．右手に何もないことを示し（写真8）、左手のボール部分をパスしながら、ロープの輪を右手に渡し左手を開いてカラなことを示す（写真9）。

5．両手でロープの輪を持ち（写真10）、ロープを両手で扱って伸ばす動作をしながら、右手のボールを崩して、ロープを少しずつ出していく（写真11）。
　ロープの輪が大きくなったことを観客によく見せ、両手がカラであることを示して（写真12）奇術を終わる。

【考　察】
　澤が最も初期に考案したロープ奇術の1つで、初めてのレクチャー・ノートに近藤氏によって解説されたことがある。

写真8

写真9

写真10

写真11

写真12

178

21世紀ロープ

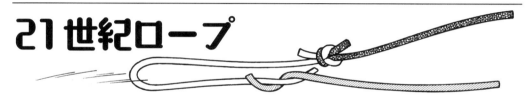

【現　象】

　同じ長さ（70cm程）の赤、青、黄色の3本のロープが示される。3本のうち、黄色のロープをポケットに仕舞い、残りの2本のロープの片端をポケットに入れる。2本のロープのもう片方の端を左右の手で持って前方に引っ張ると、赤と青色のロープの間に黄色いロープが結ばれて現われる。

　再び黄色のロープを一端だけ見えるようにしてポケットに入れる。そして青いロープに結び目を作り「このようにすると、2本のロープの長さが違って見えますね」と言い、すぐにまた結び目を解いて同じ長さになったところを見せる。しかし、よく見ると赤いロープに結び目が1つ出来ていて、同じ長さである。この結び目を解くと、赤いロープが長くなっている。

　「このような時には、こちらのロープに息を吹きかけると」と言って、青いロープに息を吹きかけると、結び目が1つ現れる。この結び目を解いてみると、2本は同じ長さである。

　赤いロープと青いロープに結び目を1つずつ作り、黄色ロープと一緒に束ねて両手に持つ。両手でロープを絡めて回すと、赤と青の結び目が黄色いロープに移る。

　赤と青のロープをポケットに仕舞い、黄色いロープに魔法のしぐさを行うと、2つの結び目が消える。3本のロープを観客が調べると、3色の普通のロープである。

　この現象の第2段は以前、加藤英夫氏発行『不思議なアート』（1972年11月号）に『ロープサイズミステリー』と題して発表された。

【準　備】

1．赤、青、黄色の同じ長さ85cm程のロープ　各1本。

　10cm短い75cm程の黄色いロープ　1本。

　赤と青のロープで作ったギミック・ノット（のり付けして作った結び目）　各1個。（図1）

2．長い方の黄ロープの両端に赤と青のギミック・ノットを通しておく（図2）。

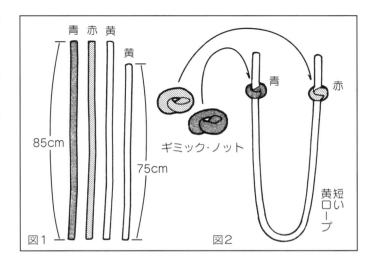

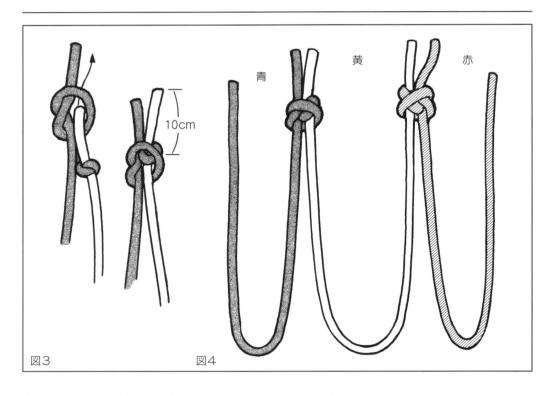

図3　　　　　　図4

3．青ロープの端近くに結び目を緩く作り、その結び目の中に青のギミック・ノットが付いている方の端から黄ロープを通す。ギミック・ノットを青ロープの結びの中に入れ、端から10cm程のところで青ロープの結びをしっかりと締める（図3）。

4．赤ロープも同様に結び目を作り、これに黄ロープの赤のギミック・ノットの付いている反対側の端を通し、10cm程のところで、赤ギミック・ノットの上から結び目をしっかりと締める（図4）。

5．黄ロープの両端の結び目（青と赤）を揃えて（写真1）右手に持つ。この両結び目の間で黄ロープの2本の上端を交差させ、その上から、中央に垂れている黄ロープを巻きつけていき、最後にロープ中央を挟み込んで止める（写真2〜4）。

写真1

180

21世紀ロープ

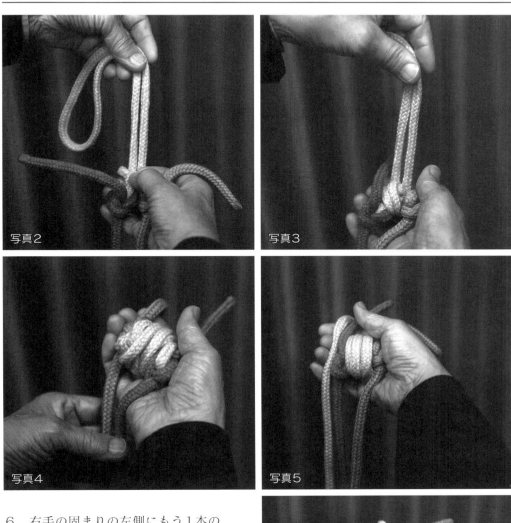

6．右手の固まりの左側にもう1本の短い黄ロープを持ち（写真5）、3本の下端をまとめて右手に掛け、親指で押さえておく（写真6）。

【方　法】
第1段：2本のロープの間にもう1本のロープが飛び込む
1．3本のロープを右手に持って登場し、下端を放して垂らす（写真7）。左側に置いた黄ロープの上端を左手で持って引き出して観客に示す（写真8）。こ

澤浩のロープマジック――――奇術編

写真7

写真8

写真9

の黄ロープを小さく折り畳んで（写真9）、上着の左ポケットに仕舞ってしまう。

2．右手の2本のロープを、固まりのところを左手にパスしながら渡し、結び目側の端を固まりごとポケットに入れる（写真10、11）。このとき、ポケットの中で左手の親指で黄ロープの固まりを押しくずしておく。

写真10

写真11

3．青と赤のロープの端を両手で持ち（写真12）、前方へ引っ張り出し、先程ポケットに入れた黄ロープが、青と赤のロープの間に繋がっていることを示す（写真13）。

写真12

写真13

21世紀ロープ

第2段：ロープの長さが次々と変わる

4．右手に青ロープを持って、ロープが繋がっていることを観客に示してから（写真14）、青と黄ロープの結びを解く動作で青ロープの結び目から左手で黄ロープの端を抜き（ギミック・ノットは握って隠す）、右手は青ロープの結び目を隠し持って両端を示す（写真15）。

5．左手の黄ロープを右手に青ロープに並べるように渡し（写真16）、左手はギミック・ノットを握ったまま黄ロープに沿って赤の結び目に当たるまで下ろしたら、結び目を掴んで持ち上げ、同時に、右手に持っている黄ロープを放す（写真17）。

　赤ロープの結び目を右手に持ち、左手は2個のギミック・ノットを握ったまま、結び目を解くように見せて黄ロープの端を赤ロープの結び目から抜き、右手は赤、青2本のロープの結び目を隠したまま並べて持つ（写真19）。

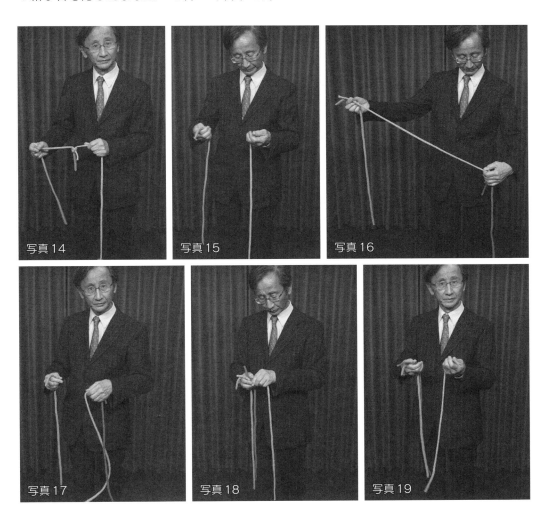

6．左手の黄ロープの端を右手に並べて持ち、左手はギミック・ノットを握ったままでロープに沿って左側にロープを伸ばす（写真20）。
　黄ロープを折りたたみ再び上着の左ポケットに入れる（写真21）。このとき、黄ロープの一端をポケットから少し出ているようにしておく（写真22）。ポケットの中の2つのギミック・ノットは青い方が端に近くになっている。

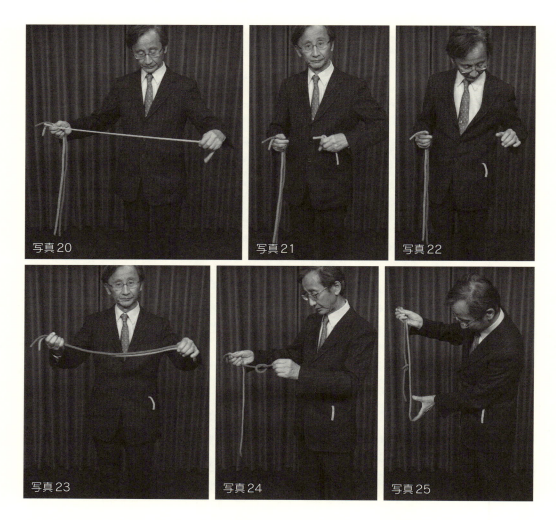

7．赤・青2本のロープが同じ長さであることを見せる（写真23）。右手に結び目を隠しているが観客には見えない。
　左手で赤ロープの下端を持ち上げて結び目を作り（写真24）、2本のロープを示して「同じ長さのはずのロープが違って見えるのはなぜだか分かりますか」と言う（写真25）。

8．「そうですね。結び目があるからです。これを解くと」と言って、赤ロープの結び目を

21世紀ロープ

解いて2本が同じ長さであることを示す（写真26）。

9．青ロープの下端を左手で持ち上げて上端と揃えて左手に持ち替える（写真27、28）。このとき結び目が見えないように注意すること。
　左右のロープを見ながら「こちらとこちらは同じ長さに見えます」と言いながら、左手の青いロープの結び目側の端を放す（写真29）。
　「あれ？」と言って、青いロープの結び目を解いて右手に2本のロープを持ち、青いロープが長いことを示す（写真30）。

10．同様のことを赤いロープで行う。すなわち、赤いロープに結び目を現わし（写真31）、赤い結び目を解いて、「このようにすると、2本は同じ長さになります」と言って、2本の同じ長さのロープを見せる（写真32）。

写真32

写真33

写真34

第3段：結び目の移動

11. 左手でポケットに仕舞った黄ロープを取り出す。このとき、黄色いロープの2つのギミック・ノットが見えないように左手に握り込んでおく。
　　黄ロープを右手の2本のロープと合わせて右手に持つ。

12. 次に赤ロープの下端から15cm程のところにフォールス・ノット（解ける結び目）を作る（写真33）。つづけて、青ロープの上端（15cm程のところ）に同じようにフォールス・ノットを作り（写真34）、右手に戻すとき左手の親指で黄ロープの2個のギミック・ノットを分け（写真35a）、まず青のギミック・ノットを右手に握らせながら（写真35b）、左手の人差指、中指を各ロープの間に入れ、赤のギミック・ノットを握ったまま3本のロープを扱っていく（写真36a・b）。このとき、青ロープを引っぱってのフォールス・ノットを解いてしまう。

写真35a

写真35b

21世紀ロープ

写真36a

写真36b

写真37

写真38

13. さらに左手を左の方に動かし、赤ロープのフォールス・ノットも解いて3本のロープを横向きに持つ（写真37）。ロープをグルグルと回してから（写真38）、3本のロープをやや間隔を開けてぴんと張り、両手で隠していたギミック・ノットを現わす（写真39a・b）。

14. 黄ロープを左手に取り、青い結び目と赤い結び目が飛び移ってきていることをはっきりと示す（写真40）。

　黄ロープの上端を右手に置き、左手は赤いギミック・ノットを握ったまま、黄ロープを右手に巻きつけていく（写真41）。そして青いギミック・ノットのところに来たら、さらにこのノットも一緒に左手に握り込んで巻き付けていき、最後は左手にパームしてしまう。

　左手に2個のギミック・ノットをパームしたまま右手の青、赤2本のロープを取りあげてポケットに仕舞う（写真42）。

澤浩のロープマジック―――奇術編

写真39a

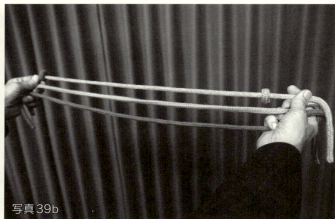
写真39b

写真40

写真41

写真42

写真43

写真44

15. 右手の黄ロープを上空に放り上げて受け取り、結び目が消えたことを示し（写真43、44）、ポケットの2本のロープを取り出し、3本のロープに仕掛けのないことを示して終わる。

このあと澤は赤、青、黄3本のロープ

を使って、Sawa's Ledure Series: Rope 2-3で発表した『クック・ドゥードゥル・ドゥー』をつづけて演ずることもあるので、手順の概要を次項で述べておく。

【考　察】
　『20世紀シルク』のテーマを『ロープ』に変えて、さらに色付きのロープを利用した手順を組み上げたものである。

澤浩のロープマジック―――奇術編

クック・ドゥードゥル・ドゥー

【準　備】
1．同じ長さ1.5m程の太めのロープ3本を用意する。ロープの両端はセロテープを巻き付けて留め3本のロープをまとめておく。

【方　法】
第1段：3つのバラバラの輪が繋がる
1．3本のロープを観客と引っぱり合って仕掛けのないことを示し（写真1）、3本を左腕

の肘に掛ける。

2．3本のうちの1本のロープの端を右手で持って、右に引き出し（写真2）、『スライディング・ノット』（技法編29頁）で結び、輪を示して右腕にかける（写真4、5）。このとき、結び目が下になるようにする。

3．2本目のロープを取

190

り、同様にスライディング・ノットで結んで輪を作る（写真6）。このとき、体を右側に向けて結び始め、正面に向きを戻しながら行うことによって不自然さをカバーする。

4．2本目の輪ができたら、1本目と同様に右腕に掛ける。今度は結び目が外側上部になるようにする（写真7）。

5．3本目のロープも結んで輪にするが、今回は『キー・ノット』（技法編39頁）』で結び、正面を向いて、両手で輪をピンと張って持ち（結び目に力がかからないように）、観客に示す（写真8）。

6．右腕の2本の輪と左手の輪を示す（写真9）。そし

写真6

写真7

写真8

写真9

写真10a

写真10b

て、キー・ノットを持った左手で右腕の2本の輪を取りに行き、左手のキー・ノットを少し開き、パックマン・ムーブで2本の輪に通して持ち（写真10a・b）、右腕の2本の輪を滑らせて3本一緒に両手で持ちながらキー・ノットを締め直しておく（写真11a〜c）、

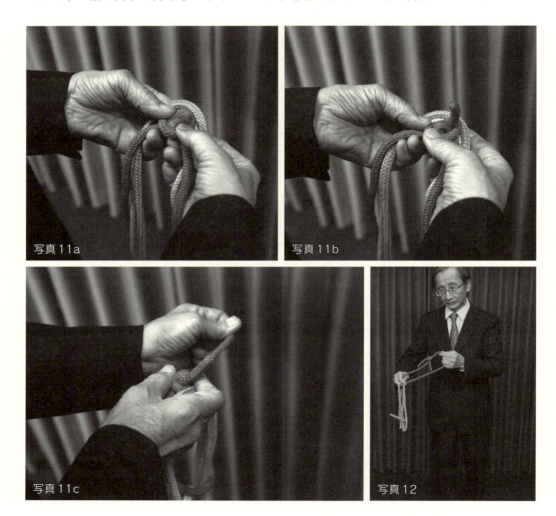

写真11a

写真11b

写真11c

写真12

7．3本目の輪の中程を左手で持ち上げ、横に延ばして示す（写真12）。このとき、ロープの交差部分を右手親指で隠しておく。

8．右手を上げて左手の輪を右手ロープの輪の中に投げ込むとみせて、2本の輪の後ろを通すように投げる。同時に右手の内側の輪を放して、3つの輪が繋がったことを見せる（写真13）。中央の輪の結び目近くを左手で持ち上げて、3つの輪が繋がったことをはっきりと示す（写真14）。

第2段：3本のロープが一瞬にして結ばれる

9．3つの輪の結び目を見てスライディング・ノットの輪を見つけ、結び目を解いているように見せて、結びを緩めて右手に隠し持ち、左手で直線になっている方を結び目から引き抜いて両手を離す（写真15a〜d）。

左手を下げ2本の輪を滑らせて左手で受け取り、左

写真13

写真14

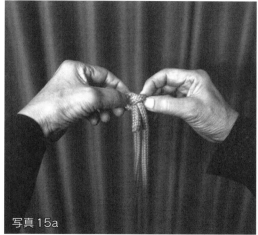

写真15a

写真15b

写真15c

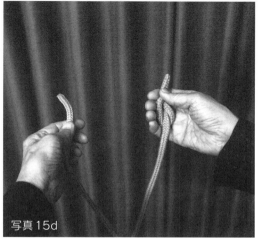

写真15d

澤浩のロープマジック―――奇術編

手の端を2つの輪から抜いてこの端を右手に渡す（写真16〜18）。

10. 左手にある2つの輪の上の輪の結び目（キー・ノット）を持って結び目を緩め、右手に結び目を、左手にへその部分を持って両手を離して解いたように見せる。このとき、右手の親指で右手に持っている1本目のロープの左側の上端近くを2本目のロープの結び目の中にへ押し込む（写真19、20）。

写真16a

写真16b

写真17

写真18

写真19

写真20

写真21

写真22

194

クック・ドゥードゥル・ドゥー

11. 両手を拡げて2本目のロープをピンと張り、このロープから3つ目の輪を滑らせてロープから外す（写真21、22）。このとき、上端の結び目を右手で保持しながらロープを左手で引っ張って、結び目を締めておく。

12. 左手に持っているロープの端を右手のロープの左側に並べて持つ（写真23）。

13. 左手で3本目の輪の結び目付近を持ち上げ、先程と同様に結び目を解くふりをしながら、結びを緩めて右手に持ち、この結び目の中に2本目のロープの左端近くを右親指で押し込み（写真24）、左手で3本目のロープの他端を抜き出す。

14. 以上のように密かに結び合わせた3本のロープを、次のようにフォールス・カウントしてバラバラの3本であるかのように見せる。

- 左手で右手の一番左側のロープを取って「1」と数える。
- 左手に取った端を人差指と中指に挟んで右手に近づけて渡し、代わりに右手の左側の結び目を親指と人差指で持ち、手を返すようにして取ってきて（写真25、26）、「2」と数える。
- 次に右手のシングルを取り「3」と数え、両手を拡げて3本のロープを示す（写真27）。

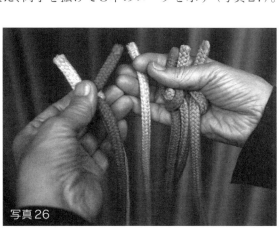

195

澤浩のロープマジック────奇術編

- 少し間をおいて、左手のシングルの端と右手の結んだ2本の端とを取り替え、両手を拡げて（写真28）「4」と数える。
- 次は、右手の一番右側にある結び目のある端を左手の親指と人差指で挟んで取る（写真29）のだが、このとき、結び目の中に左手の中指と薬指の先を挿入して取り上げ（写真30）、「5」と数える。
- 右手に残っているシングルを右上の方に上げて（写真31a・b）、「6」と数え、この右手のロープを左手に渡すときに、左手の中指と人

写真27

写真28

写真29

写真30

写真31a

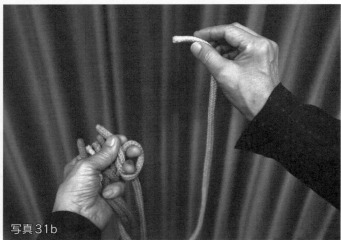
写真31b

クック・ドゥードゥル・ドゥー

差指で摘んで（写真32）、結び目の中をくぐらせて持ち上げながら（写真33）結び目を締める（写真34）。

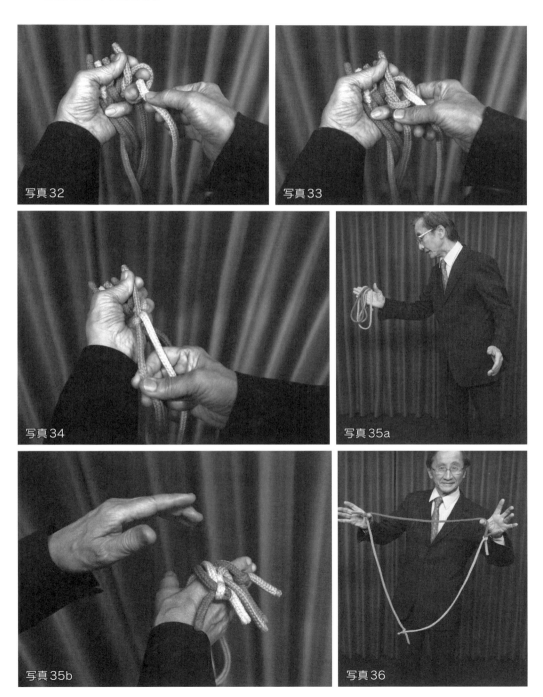

15. 左手に持っている6本の端（3本のロープ夫々が結び合っている）を、右手の甲の方に垂らすように右手に掛け、右手の平を観客の方に向けて構える（写真35a・b）。

16. 上空を見上げ、右手に掛かっているロープを投げ上げる。落ちてきたロープをキャッチして拡げ、繋がった大きな輪になったことを示して終わる（写真36）。

ボニーとクライド

　音楽に合わせて、リズミカルに、楽しく、奇術を演じるという澤のスタイルの一つの完成品であろう。個々の現象も分かりやすい。

【現　象】
　音楽『ボニーとクライド』にあわせて
　演者は60cm程の1本のロープを持って登場する。
　このロープを撫でると、伸びて2倍の長さになる。
　このロープはさらに2倍の長さに伸びる。
　ロープは手鋏み（パントマイム）で2つにカットされる。
　2本のロープをそれぞれ結んで2つの輪を作る。一方の輪を他方に向かって投げ込むと、2つの輪は繋がる。
　2本のロープを完全に解き、前方に投げ出すと、2本のバラバラのはずのロープはいつの間にか1本に結ばれている。
　再びロープをバラバラに解き、2つの輪に結び、これを放り上げると、ロープは1つの大きな輪になって落ちてくる。

【準　備】
1．1.2m程の長さのロープ2本（両端はノリで固めておく）。ヘアー・バンド1本が必要。

2．2本のロープのうち1本を右袖にローディングの準備をしておく。——ロープの一端を数回折りたたんでズボンの右内側に挟み、他の端をシャツの内側からわきを通して右袖口から出し、先端を下向きに折り曲げてヘアー・バンドで留めておく（図1）。
　衣服の乱れを正しておく。

3．もう1本のロープを、端から12cm程のところで小さく数回折りたたみ、そのたたんだ部分の周りを2回ほど巻き付けてからヘソ状に押し込んで留めておく（図2）。
　更にこの上に残りのロープをゆったりと巻いて、テーブルの上に置いておく。

【方　法】
第1段：ロープが伸びる
1．演者が登場し、両手を何気なく後ろに回して左手で、右袖の中のヘアー・バンドで留めてあるロープの端を引っ張り出す（写真1）。そしてこの端を折り曲げて右親指でサム・パームする（写真2）。
　テーブルの上から準備したロープを取り上げて右手に持つ。このとき、ロープの束を握

澤浩のロープマジック────奇術編

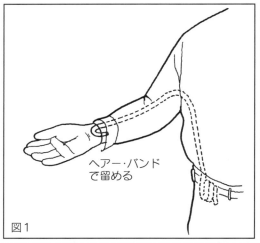

ヘアー・バンドで留める

図1

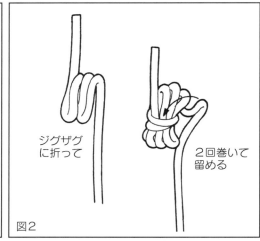

ジグザグに折って

2回巻いて留める

図2

写真1

写真2

写真3

り込んで、観客からは見えないようにする。

2．右手に持つロープを示し、ゆったりと巻いてあるロープだけを放して下に垂らす（写真3）。

3．ロープを改めているように見せて、次のようにする。
- 左手を受け手で、人差指と中指でロープを挟み、ロープに沿って下方に滑らせていき（写真4）、下端近くまで来たら左手の平を上げて、右手の甲と重ねる（写真5）。
- 右手のボール部を左手に渡し、右手は人差指と中指でロープを挟み取って（写真6）、右の方へ伸ばす。

写真4

200

ボニーとクライド

写真5

写真6

右手がロープの右端近くになったら、両手の小指でロープをしっかりと保持し、左右に引っ張って見せる（写真7）。

4．ロープから右手を放し（写真8）、右手にサム・パームしているロープを保持したまま、左手のロープの上

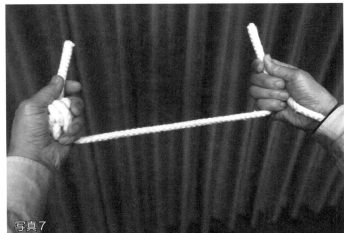
写真7

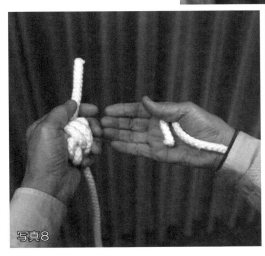
写真8

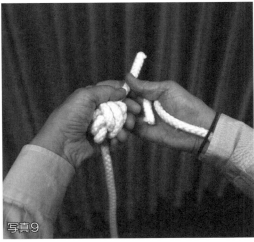
写真9

澤浩のロープマジック―――奇術編

写真10a

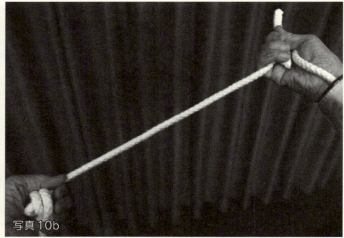
写真10b

端を右親指と人差指で掴んで持つ（写真9）。
　左手を左下方に動かしながら、握っているボール部を解いて伸ばしていく（写真10a・b）。
　左手はそのまま、下端までロープに沿って伸ばす（写真11）。

5．右手をロープから放し、左手で持っているロープの上端を掴む（写真12a・b）。このとき、右手にサム・パームしているロープの端を右手の指先に出し、左手のロープの端を少し下げて、先端が右手の指先から出ないように握り込む（写真13a・b）。

写真11

写真12a

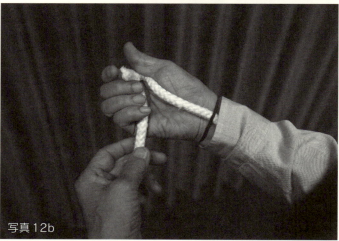
写真12b

ボニーとクライド

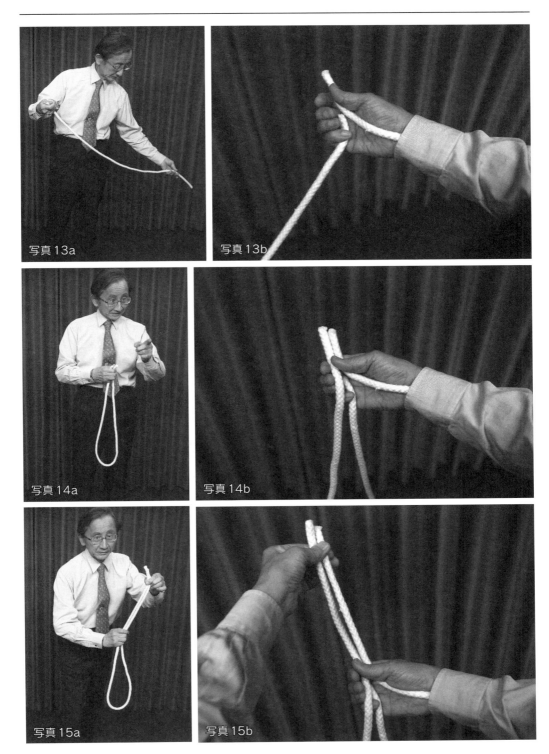

写真13a
写真13b
写真14a
写真14b
写真15a
写真15b

203

6．左手で下に垂れている他の端を持ち上げて右手に渡し（写真14a・b）、ロープの両端を揃えて右手に持つ。

左手で右手に持っている２本のロープの両端を持って引き出す（写真15a・b）。

さらに、両端を上方へ引っ張り上げていって（写真16）ロープがどんどん伸びていくところを見せる。

第２段：ロープが手でカットされ２本に分かれる

7．さらに２本のロープを引っ張り上げ、右手がロープの端まで来たら（写真17a）、左手を上端から放して右手に添え、右指でロープの切れ目を隠して両端を揃えて持ち（写真17b）、左手でロープを少し押し上げるようにし

写真16

写真17a

写真17b

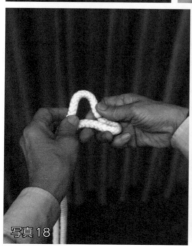
写真18

写真19

写真20

て、写真18、19のように両端の下に弛みを作り、左側の膨らんだ部分を左手の親指と人差指で持ち（写真20）、右側の弛みは親指の下に握り隠してロープの中央のように示す。

8．左手でハサミを出してきたように人差指と中指でちょきを作り（写真21a・b）、ロープの中央（に見えている）を挟んで（写真22a〜c）ロープを切る動作で、右親指の下の弛みを左人差指と中指で引っ張り出して切断したように見せる（写真23a・b）。

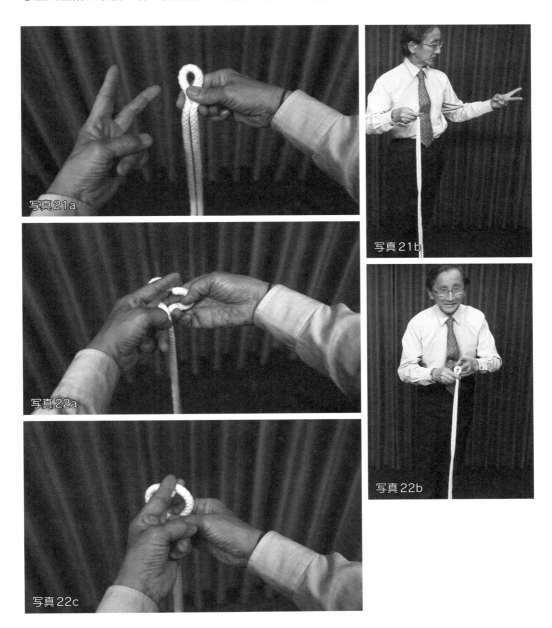

澤浩のロープマジック———奇術編

写真23a

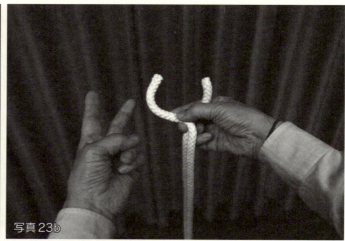
写真23b

2本のロープを1本ずつ左右の手に持って示す（写真24）。

第3段：リンキング・ロープ
9．右手のロープを一旦左腕に掛け、左手のロープの両端を『スライディング・ノット』（技法編29頁参照）で結んで輪を作る（写真25）。この輪を結び目が

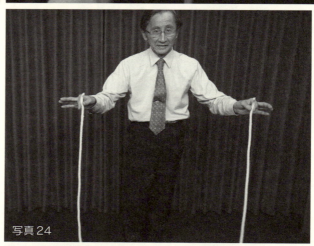
写真24

写真25

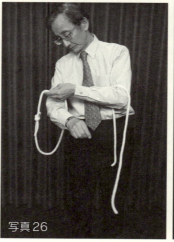
写真26

写真27

外になるように右腕に掛ける（写真26）。
　もう一方のロープを取り、今度は『キー・ノット』（技法編39頁）で結んで輪にする（写真27）。

10．正面を向いて、両手で輪をピンと張って見せ（結び目に力がかからないように注意）、しっかりと結ばれていることを観客に示す（写真28）。左手を放して輪を右手で持つ。

写真28

写真29

写真30

11．今結んだ輪の『キー・ノット』の結び目を左手で持ち、右手で「１つ」というジェスチャーをする（写真29）。次に、右腕に掛かっている輪を左手で取りに行き、『パックマン・ムーブ』（技法編41頁参照）で２つの輪を連鎖してしまう（写真30）。

12．２つの輪の連結部分を右手に握り、キー・ノットの輪を左に引っ張って正面で拡げて見せる（写真31）。このとき、連結している下の輪の１本を右手の中指と薬指の間を通して持ち、２つの輪が離れているように見せる。
　右手を前方に伸ばし、左手を手前に引いて（写真32）、左手のロープを右手の輪の中に放り込む動作をして、右手の輪と繋がってい

写真31

写真32

ることを見せる（写真33）。

第4段：2本のロープが繋がる

13. 2つの輪が連鎖していることを示してから、スライディング・ノットの方の輪の結び目を持って解くのだが（写真34）、結び目の中から一方の端を引き抜くだけで結び目は解かずに右手の中に残しておく（技法編30頁写真8～12参照）。

14. 下の輪を滑らせて左手に取り（写真35、36）、本当に解いて左手に持つ（写真37）。

15. 左手のロープを右手の中のロープの結び目に重ねるように置き（写真38）、重ねたところを右手の親指の先で結び目の中に押し込み（写真39）、先端を親指の付け根に挟んで持つ（写真40）。

　左手はロープに沿って左方に滑らせて端まで行ったら、ロープの両端を握って結び目のある方のロープを強く引っ張るようにして（写真41）結び目を締めておく。

16. 左手に持っている2つの端を右手の2つの端の左側に並べて置き（写真42a・b）、次のようにフォー

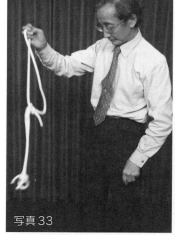
写真33

写真34

写真35

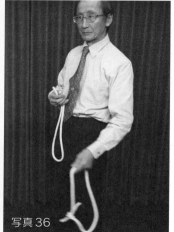
写真36

写真37

写真38

ボニーとクライド

写真39

写真40

写真41

写真42a

写真42b

209

澤浩のロープマジック―――奇術編

写真43

写真44

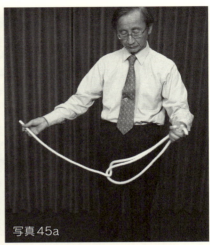
写真45a

ルス・カウントして2本がバラバラであることを示す。
- 左手で、右手の左端の1本を取り（写真43）、「1」と数える。
- 次の1本を取り（写真44）、「2」と数える。
- 左手の1本と右手の結ばれている2本とを入れ替え（写真45a・b）、「3」と数える。

写真45b

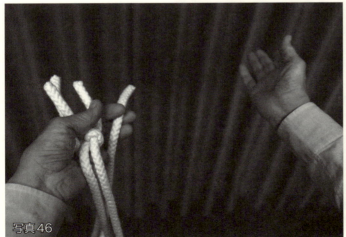
写真46

写真47

● 右手に残っている1本を左手人差指と中指の間に挟み取り（写真46）、「4」と数える。

17. 右手で前方を指示してから（写真47）、左手のロープを左人差指と中指で挟んでいる端を残して観客席の方に投げ出して、2本のロープが結ばれて繋がっていることを見せる（写真48）。

写真48

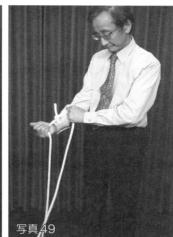
写真49

第5段：2つの輪を放り上げると、大きな1つの輪になる

18. ロープを手繰り寄せてしっかりと結ばれていることを見せてから（写真49）、結びを解いて、左右の手に1本ずつ持つ。

19. 左手のロープの端を右手のロープの端の左に並べて置きながら、左親指で右側のロープの親指の下を摘んで左側のロープの上に交差させ（写真50）、交差したところに右小指を入れて保ち、左手は2本のロープの間に人差指を入れて左の

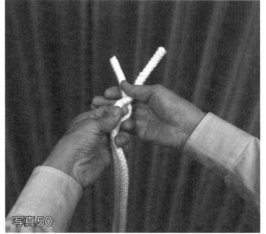
写真50

写真51a

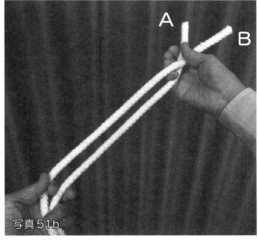
写真51b

方に扱いていく（写真51a・b）。

20．左手の親指と人差指で挟んでいる方の端（Bロープ）を持ち上に上げ（他方の端は放す）、右手の指先の方にある端（Aロープの端）とを結んで輪をつくり（写真52）、右親指を通して右腕に掛ける（写真53）。

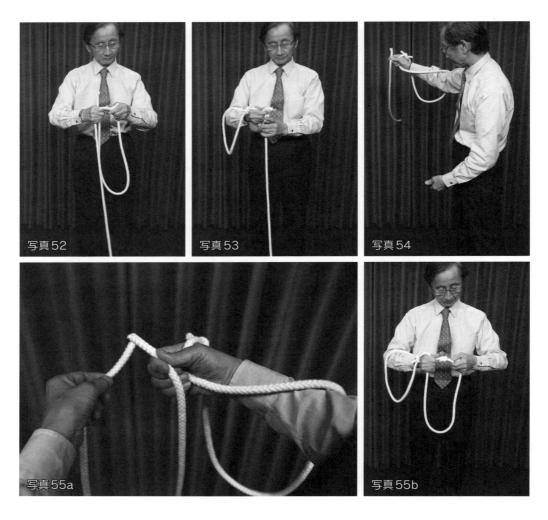

21．右手に残っているBロープの上端と、右腕に掛けた輪から出ているAロープが交差しているところを右手の親指と人差指で摘んで、ロープが一直線に見えるように調整する（写真54）。『ストレート・イリュージョン』

22．今一直線に見えているロープの上端と下端を結んで輪をつくり（写真55a・b）。2つの輪を揃えて（写真56）、「1、2」と数えて分離感を出した後、上に放り上げ、キャッチし

て2つの輪が大きな1つの輪になったことを見せる（写真57、58）。

写真56

写真57

写真58

澤浩のロープマジック―――――奇術編

オキ

　長い間秘密にしてきた、澤が最も得意とする手順である。プロ・アマを問わず多くのマジシャンが知りたかったもので、ここに初めて解説をすることにした。

【現　象】
　カントリー曲『オキ・フロム・ムスコギー』の音楽に合わせて演じる。

　１本の１ｍ程のロープを取り出し、右手に２つ折りにして、両端を重ねて持つ。
　右手指先の２つの端を左手で覆うと、端が一つ増えて３つになっている。
　さらにこれらを左手で覆うと、４つに増える。ただし、ロープの中央は１本のままである。
　右手指先を振ると『端』が、５つ、６つと増えていき、ロープそのものもいつの間にか３本に増えている。
　３本の同じ長さのロープを引っ張ると、２本の同じ長さのロープになる。
　２本のロープは繋がって、１本の長いロープになる。
　ロープを二つに折り、両端をズボンのポケットに入れ、ロープの真ん中を『切る』と、ロープの『真ん中』はポケットに移り、『端』と『真ん中』が入れ替わる。
　このロープは観客席に投げられ、仕掛けがないことが証明される。

　澤はこの奇術、特に『ロープの端が増えていく』テーマをすでに1980年代初頭には完成させており、日本のあちこちで演じていた。その後、この彼のお気に入りの奇術は1988年に澤がゲストとして招待されたFISM、オランダのハーグ大会で演じられた。海外で、はじめて世界の奇術家達に紹介されたのである。
　澤は長い間、この奇術を秘密にしていたが、近年になり、何人かのマジシャンがこの現

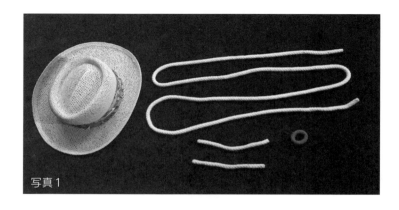

写真１

象を演じるのみならず、何のクレジットもなしに、まるで自分の考案であるかのように発表までしていることは非常に残念なことである。

その効果はきわめて強烈で、この奇術を初めて見たRichard Kaufmanは「いったい、いつ、どうやってロープをすり替えたのか？」と訊ねてきたほどであった。

ここに、あらためて澤自身の方法を正確なやり方で発表する次第である。

【準　備】

1．3本のロープが必要である。長さ2.5m程のロープ1本と10cm程の短いロープ2本を使う（ロープの種類は滑りが良いアクリル製のものが良い）。この他にヘアー・バンド（髪の毛を束ねるためのゴム製のバンド）1つを準備する（写真1）。

2．長いロープは6つ折りにして写真2のように折り目に短いロープを夫々U字で交差させておく。

このとき、U字の短いロープの端が長いロープの両端とちょうど同じ長さ（高さ）になるようにすること。そして、短いロープの交差する方向が写真2のようになっていることが大切である。

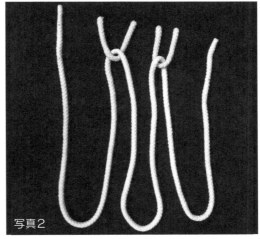

写真2

3．ヘアー・バンドを右手首にはめておき、袖口のボタンは留めておく。

4．写真2のように準備したロープを右手に持ち（写真3a）、下に垂れている3つのループのうちの右側の2つのループ

写真3a

写真3b

澤浩のロープマジック────奇術編

写真3c

写真4

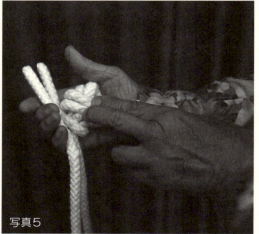
写真5

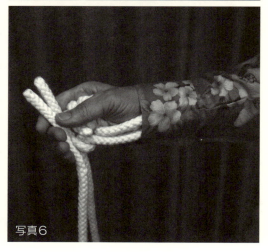
写真6

の中央を持って右手首のヘアー・バンドの下を通して（写真3b）袖の奥まで伸ばして右肘の後ろに回しておく（写真3c）。ロープが収まったら、ヘアー・バンドを袖の中に隠しておく。

5．次に、ロープ上端の6つの端のうち右側の2つの端を手前に折り曲げ（写真4）、次の2つの端をその上にクロスするように重ねて手前に折り曲げる（写真5）。そして、この固まりを右親指で押さえて持つ（写真6）。観客側から見ると、右手で普通に1本のロープの両端を持っているように見える

【方　法】
第1段：1本のロープの端が増えていく
1．右手に準備したロープを持って登場する。左手で帽子を取り、その裏を観客に何気なく示しながら軽く一礼する（写真7）。

2．右手のロープの一端（指先にあるフリーの端）を放して下の方に垂らす（写真8）。左手で垂れているロープを扱いて

オキ

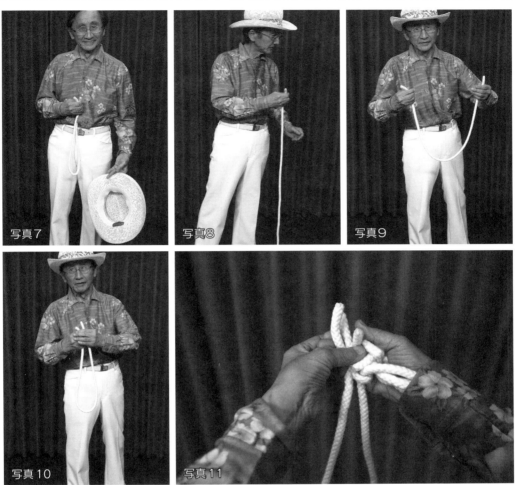

ロープを軽く改めてから（写真9）、右手のロープの左側に並べて揃えて置く（写真10）。

3．左手の4指を伸ばして右手の甲を覆い、この左手の陰で、右手親指で押さえている折り曲げたロープの左端の1本を左親指で起こし（写真11）、左手を左側にゆっくりと動かしてロープの端が3つになっていることを見せる（写真12）。演者はしばらくしてから、「あれっ」という表情で（写真13）、左手でロープの中央を持ち上げ、1本のロープに端が3つあることを強調して示す（写真14）。

4．再び左手で右手のロープの端を覆い（写真15）、そ

澤浩のロープマジック―――奇術編

写真13

写真14

写真15

の陰で右親指で4つ目の端を起こし（写真16）。左手を左の方になでるようにして離していって、端が4つになっていることを見せる（写真17a・b）。

体を右に向け（写真18）、ロープの端全体を左手の平で支えながら右手を開いて、右手に余分なものを持っていないように見せ

写真16

写真17a

写真17b

218

写真18

写真19

（写真19）。
　再び体を正面に向けて、ロープの端が4つあることを示す。

5．右手を大きく上下に振りながら、右親指で押さえている折り曲げた端を1本起こし、端が5本になったことを見せる（写真20、21）。

写真20

写真21

写真22a

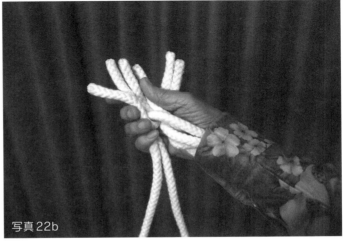
写真22b

6．さらに右手を上下に振りながら、右親指で押さえている最後の1本起こして端が6本になっているところを見せる（写真22a・b）。
※　澤はこの後、ロープの6本になった端を拡げて右手の指でパラパラと弾いて、更に端がいくつも増えているように見せている（写真23）。端を小刻みに動かすことによって、観客からは端がたくさん出現したように見えるのである。

第2段：端が伸びてロープが3本になる

7．体を左に向けて左手から垂れ下がっているところを、袖の中の束と一緒に右手で掴み、左手を前方に伸ばして右袖の中から2本のロープを抜き出してきて3本のロープを見せる（写真24）。

　そして、右手で掴んでいるところを1本、2本、3本（写真25〜27）と1本ずつ右手から垂らして見せる。

8．左手から、右手にロープの束を持ち替え、次のように澤独特の『スイッチ』によるフォールス・カウントを行って6つの端を1つずつ数えて見せ、3本のロープがバラバラであることを示す。

オキ

- まず、左端の1本（シングル）を左手に取って示し（写真28）「1本」と言う。
- 左手のロープの端を右手の左端の2本の下に入れて、代わりに2本を左手の親指と人差指で挟み取って（写真29〜31a・b）、「2本」と言う。
- 次に、一番左にあるシングルを左手に取り（写真32a・b）「3本」と言う。ここで、両手の親指でU字で絡んでいるところを押さえて隠し、右の方を向き、右手をやや上にして3本のロープをぴんと伸ばして示す（写真33）。
- 次に、右手のシングルを左手の人差指と中指先で摘んで取り（写真34a・b）、「4本」と数える。

写真28

写真29

写真30

写真31a

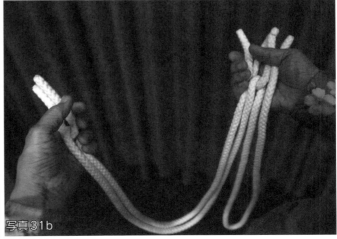
写真31b

澤浩のロープマジック―――奇術編

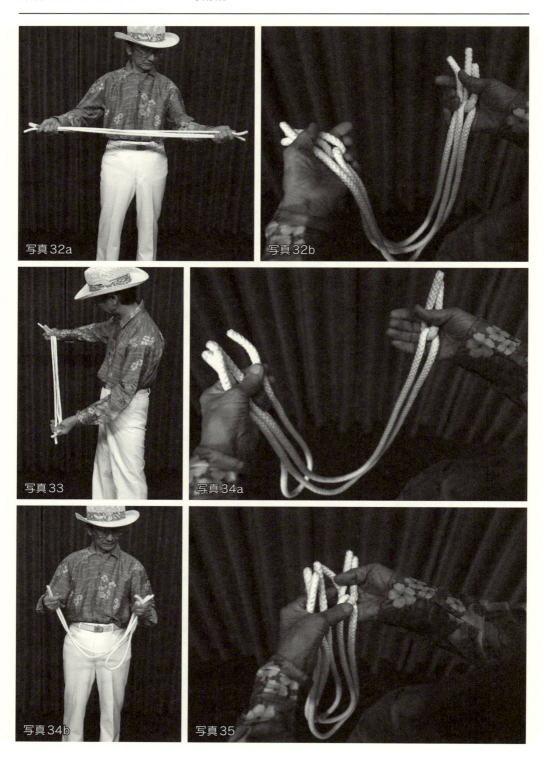

写真32a
写真32b
写真33
写真34a
写真34b
写真35

オキ

写真36a

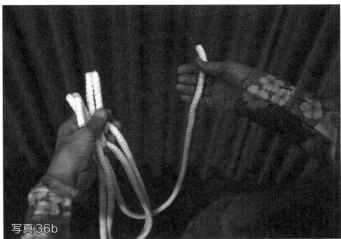
写真36b

- 今取ったシングルを、右手のダブルの下に差し入れて（写真35）代わりに右手のダブルを左手に取ってくる（写真36a・b）。「5本」と数える。
- 右手の残りの1本を示し（写真37）、「6本」と数える。

第3段：3本のロープが一瞬にして2本になる

9．6本目を数えた後、この右手に持っている端を先端が見えないくらい深く持って（中指以下の3指で握り）左手に近づけ、左手は人差指で5本目として数えて取った端（U字で絡んでいる短いロープの一端）を内側に倒す（写真38a・b）。

写真37

写真38a

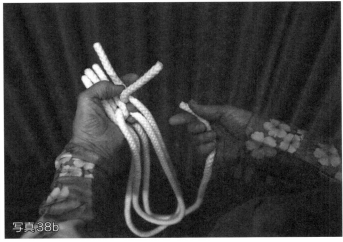
写真38b

澤浩のロープマジック―――奇術編

　右手でこの短いロープの端を今持っているロープの端とくっ付けるように持ち（写真39a）、さらに左手の一番左側の（シングル）ロープを掴み取る（写真39b）。

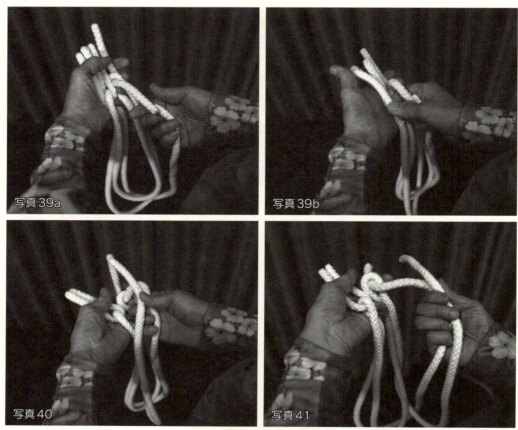

写真39a　写真39b

写真40　写真41

10. 右手に持った端をしっかりと握り、左手は2本の端（U字で絡んでいる短いロープの両端）をしっかり持って（写真40、41）、両手を大きく拡げてロープが2本になったことを示す（写真42）。

第4段：2本のロープが繋がって1本のロープになる

11. 左手の2本の端を右手の2本の端の右側に並べて置き

写真42

224

（写真43）、左手はロープを持ったままで中央まで滑らせていって、ロープ中央を持ち上げ（写真44）、持ち上げた中央を「1つ」「2つ」と放して示す（写真45）。このとき、ロープが交差しないように注意すること。

12. ここで『スライド・イン・メソッド』（技法編46頁）の要領で2本のロープとして示す。
- 右手に持っているロープの一番左側にある短いロープと長いロープのつなぎ目を左手の親指と人差指で摘んで取り上げ（写真46a・b）、「1本」と数える。
- 次のロープ（シングル）を左手に取り（写真47a・b）、「2本」と数える。

写真43

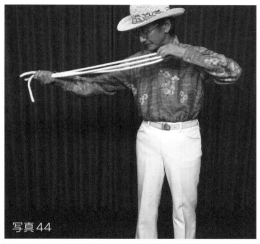

写真44

写真45

写真46a

写真46b

澤浩のロープマジック―――奇術編

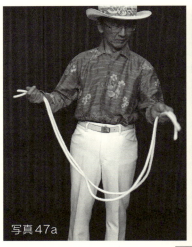

写真47a

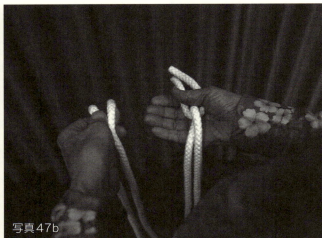

写真47b

- 今左手に取ったシングル・ロープと右手の2本（U字で絡んでいる端）を交換して取り（写真48）、「3本」と数える。
- 右手で持っているシングル・ロープを示し（写真49）、「4本」と数える。

13. 右手に持っている端を深く持ち直しながら左手に近づけ、左手のU字で絡まっている短いロープの一端を右手で一緒に掴む（写真50）。左手は残りの短いロープと長いロープのつなぎ目をしっかり掴み（写真51）、左右に拡げながら、中央部分を放してロープが1本になったことを示す（写真52）。長いロープの両端の切れ目は両手で握りそれぞれ隠している。

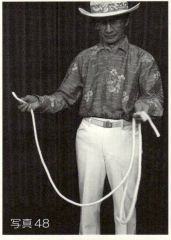

写真48

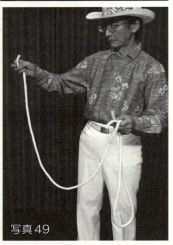

写真49

写真50

14. 両手を合わせ、左手に持っている短いロープと長いロープの繋ぎ目を右手のロープの横に並べて右手の親指で押さえて保持しから、左手で右側のロープを摘んで弛みをつくって右手に握り込んでおく（写真53～56）。

左手はそのままロープを滑らせていってロープ中央を持ち上げてロープの中央を示す（写真57）。

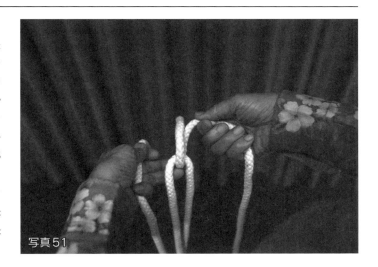
写真51

写真52

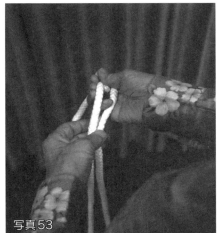
写真53

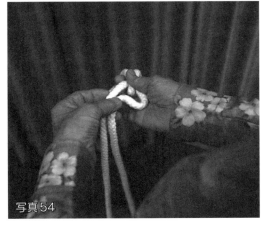
写真54

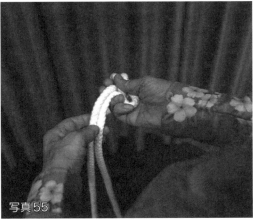
写真55

澤浩のロープマジック―――奇術編

写真56

写真57

第5段：ロープの端と中央が入れ替わる

15. 左手に持っているロープ中央をいったん放し、帽子を取って軽く会釈をしてから（写真58）、再び、左手を滑らせてロープ中央まで来たら、中央のループになっているところを左手の中に持って、右手に近づける（写真59）。

16. 左手のロープ中央を右手に渡す動作で左手の指先で右手のロープの端を持ってループを作り（写真60）、右手の親指で押さえる。

　左手はロープ中央を隠し持ったまま前方に動かし

写真58

写真59

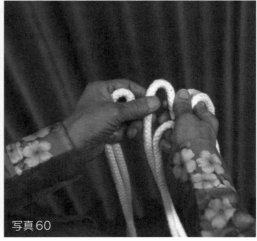

写真60

ていって、右手の2本の端を掴んで取り去り（写真61、62）、右手は作ったループを指先に持ってロープ中央のように見せる。

写真61

写真62

17. 左手のロープの端（と観客は思っている）をズボンの左ポケットに入れる（写真63）。このとき、短いロープをポケットの奥の方に入れること。

　右手のロープ中央（と観客は思っている）を示す（写真64）。右手の親指と人差指でロープの切れ目を隠して持ち、折り曲げたロープの反対側を左手の親指と人差指で挟んでループ状のところを拡げたり閉じたりして見せる（写真65）。

写真63

写真64

写真65

18. そして、右手だけでループ状のところを持って、左手でズボンの後ポケットからハサミを取り出す動作で人差指と中指を伸ばして示す（写真66a・b）。

　左手の伸ばした2本の指で中央のループを挟み（写真67a・b）、右手に握り込んでいるロープの端を起こしながらハサミで切る動作をする（写真68a・b）。

澤浩のロープマジック────奇術編

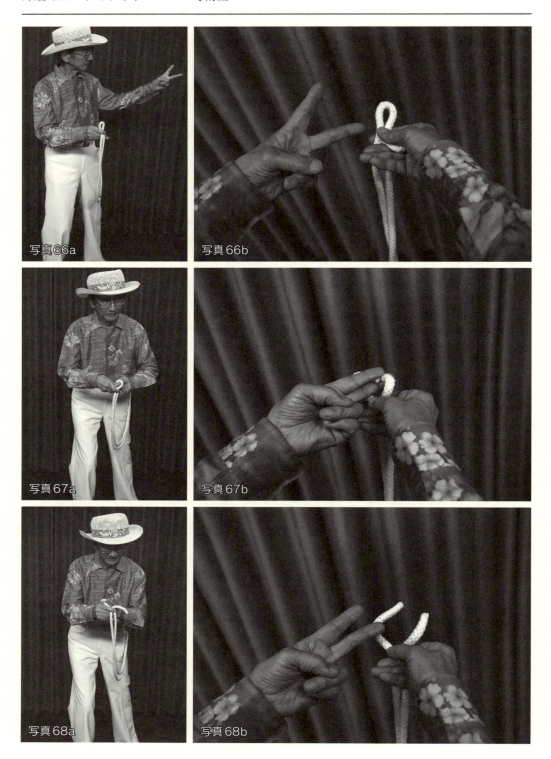

写真66a
写真66b
写真67a
写真67b
写真68a
写真68b

19. 切ったロープの両端を左右の指先に持ち、左右に拡げてロープが切れたことをはっきりと見せる。

　すぐに両手を拡げたまま、ロープを天井方向に放り上げる動作で（写真69）、ポケットの中のロープを引き出して放り上げ、ロープが繋がって1本になったことを示す（写真70）。すなわち、ロープの端と中央が入れ替わったことになる。

20. 観客に一礼し、束ねたロープを観客の方にトスして（写真71）演技を終わる。

澤浩のロープマジック────奇術編

カーニバル・セレモニー

【現　象】
　「これから、ジャングルの奥地に住む人食い人種に囚われの身になったとき、魔法を使って彼らからどのようにして逃げることができたかを、お見せしましょう」と言って……術者はロープに5個のリングを通してから、その両端を結んで輪にする。それからそのロープの輪を結び目を前にして、観客の首にかける。
　術者はその観客の後ろに回り、閉じたロープの輪からリングを1つずつ、はずしていく。最後にロープを改めるが、ロープは輪のままで、切れ目はない。

　『ロープからリングが抜ける』奇術は以前からよく演じられてきた演目の1つである（James' Encyclopedia『The Ropes and Rings Mystery』）。澤はこの奇術にコミカルな演出を付けて、独自のタッチの作品に仕上げた。

【準　備】
1．次のような道具を用意する（写真1、2）。

写真1

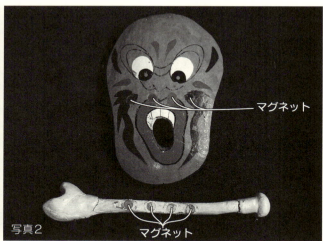
写真2

- 直径10cm程のプラスチックのリング4本（できれば色の異なるものを用意する）と金属製の直径15cm程のリング1本。
- 2m程の太めのロープ2本（両端に鈴を付けておく）。
- 木製のお面（東南アジアの土産物）1つ（顔の鼻の下にマグネットを付けておく）と、骨に見せた棒1本（木製で白くペイントしてある）。写真2のように、面の鼻の下のマ

カーニバル・セレモニー

グネットにつくように2か所に金属の画鋲を打っておく。さらに中央の反対側に小さなフックを取り付けておく。
● ポラロイド・カメラ1台。

2．背もたれのある椅子1脚。座面に滑り止めマットを敷き、その上に面の表を下に向けて置き、その上に5本のリングを重ねて置く。ポラロイド・カメラは椅子の背に掛けておく（写真1）。

3．骨の棒をズボンの後ろのポケットに入れ、2本のロープを首に掛けて登場する（写真3）。

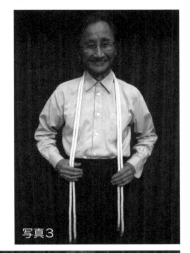
写真3

【方　法】
1．「昔、私はジャングルで恐ろしい人食い人種に捕まったことがあります。そしてもう少しで、食べらるところを魔法を使って助かることができたのです。これからその時の様子をお目にかけましょう」

2．「どなたかお手伝いをお願いいたします」と言って、観客の中から1名を選び、舞台に上がって貰う。演者は椅子の上からお面（とリング）を取り上げ、観客に腰掛けさせてからお面（とリング）を膝の上で持ってもらう（写真4）。「今から40年くらい前にアフリカの探検隊に参加したことがあります。何をしに行ったかと言うと、私が行うマジックに原住民がどのように反応をするかを調べに行ったのです」と言う。

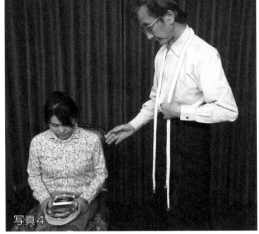
写真4

3．観客に「この皿の上には儀式のための5本のリングがあります」説明してから首に掛けてある2本のロープを取り、「探検隊に加わって奥地に入っていくと、いつの間にか人食い人種に捕まってしまいました。彼らは我々を縛りつけたあと、不可思議な儀式を始めました」と言って、

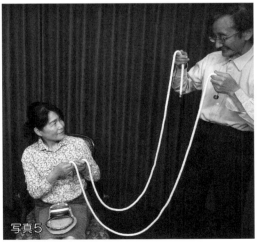
写真5

233

澤浩のロープマジック―――奇術編

2本のロープの片端を持ってもらい、反対側の端を両手で引張りロープに仕掛けがないことを示す（写真5）。

4．次に、面の上の金色のリングを取り上げ、「これらのリングは儀式の最も重要な5人の生贄を表わすものです。私はこれらを使って、魔法を行う羽目になりました。もし失敗すれば、彼らに食べられてしまいます。失敗は許されませんでした。さて、この金色のリングをよく改めてください。何もおかしなところはありませんね。切れ目などはありませんね」と言って、リングを観客に渡し改めてもらってから、これを返してもらい左腕に通して持つ（写真6）。

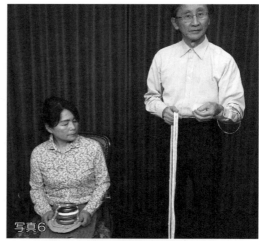

5．2本のロープの中央をそれぞれ両手に持って示し（写真7）、左手のロープを右手に渡して揃えて持つとき（写真8）、
　右手のロープの中央を右人差指に掛け、その上に左手のロープが重なるように置く（写真9）。そして、右手の人差指に掛けてあるロープを左指で左手のループの中を通して折り曲げ、U字に絡ませて（写真

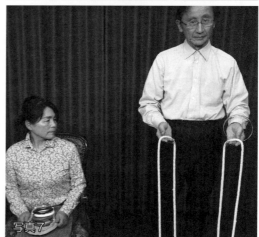

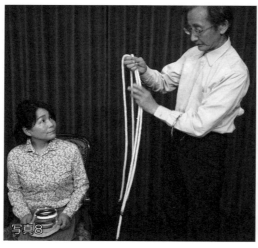

カーニバル・セレモニー

写真10

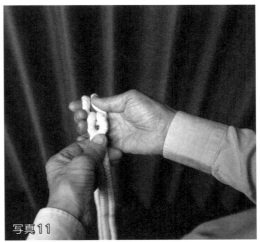

写真11

10、11）右手で握り込む。そして、左手で2本のロープを扱いていって、左腕の金色のリングを落として左手で掴み（写真12）、ロープに通して右手の方に滑らせていく（写真13a・b）。

6．「このリングは中央でしっかりと縛っておきましょう」と言って、右手は

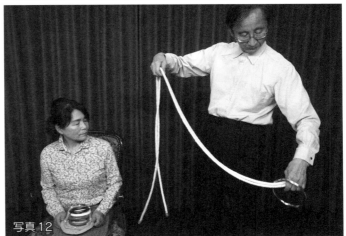

写真12

写真13a

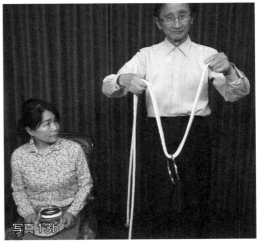

写真13b

澤浩のロープマジック────奇術編

ロープ中央の絡み合っているところを握ったまま、左手のロープの端を手前から右手のロープに当てて輪を作り（写真14）、その中に左手のロープをくぐらせて（写真15a・b）結び目を締めていって（写真16a・b）、絡み合っているところと一緒にリングをくくり付ける（写真17a・b）。このとき、ロープの折り返しが外れないようにすること。

7．「今度は一度に2個のリングをロープに通しましょう」と言って、観客に2

写真14

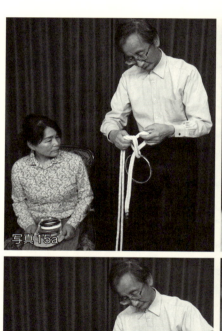
写真15a

写真15b

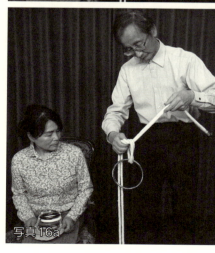
写真16a

写真16b

カーニバル・セレモニー

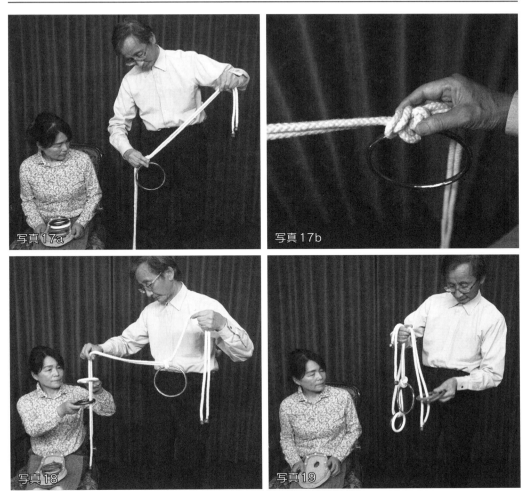

本のリングをロープの片側から通してもらう（写真18）。

「ありがとうございます。私も2個のリングを反対側に通しましょう」と言って、観客から2本のリングを受け取り、ロープの反対側に通す（写真19）。

「両手でロープをそれぞれ握ってください。私が先に1本出しますから、あなたもお好きな方を1本出して下さい」と言って、右手の2本を観客に渡

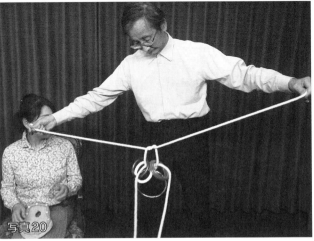

237

す。そして、左手の片方のロープを放して観客が選んだ方のロープを右手で受け取って、左右のロープを1回結ぶ（写真20）。

8．両方の垂れたロープを左右の手でそれぞれ取り上げて2本ずつ持ち、「これで5個の輪は完全にロープに閉じ込められました。さらにロープの両端を固く結びましょう。これで5個の輪は完全に縛られました」と言って、上端の方をしっかりと結ぶ（写真21）。

9．「これをあなたの首にかけます。結び目がよく見えますね」と言って、上端の結び目が前に来るようにロープの輪を観客の首にかける（写真22）。従って5本のリングは観客の背後になる。
　「皿はこのように両手で持って、穴が口元に来るように、あなたの顔を覆っていただけます？落とさないように、しっかりと持っていてください」と言って、面の両側を観客に持たせて顔に当ててもらう。

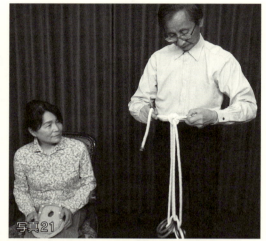
写真21

写真22

写真23

　「次に儀式ですから、飾りをつけましょう」と言って、ズボンの後ろポケットから骨の棒を取り出して、面に（マグネットで）張り付ける（写真23）。

10．観客の背後で、右手に4本のリングを一緒に握り、金色のリングを縛ってあるロープ中央の絡み合っているところを解いてから（写真24）、続けて結び目を崩して金色のリングを外して右手に一緒に持つ（写真25）。

カーニバル・セレモニー

写真24

写真25

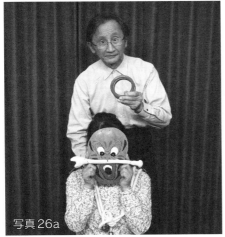
写真26a

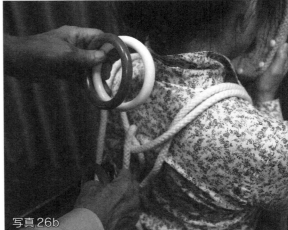
写真26b

11.「ブードゥ・モモンガ〜。このように閉じたロープからリングが脱出してきます」と言って、左手で2本の輪を持って取り出し（写真26a・b）、骨の両側から1本ずつ挿入してぶら下げる（写真27）。次に残りの2本を取り出してきて同じように骨の両側にぶら下げ、「次は黄金の環が脱出してきました」と言って、金色の輪

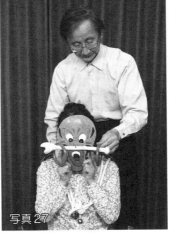
写真27

写真28

澤浩のロープマジック─────奇術編

を取り出し（写真28）、骨の真ん中にあるフックに掛けて吊り下げる（写真29）。

12.「記念の写真を撮っておきましょう」と言って、準備したカメラで写真を撮ってから（写真30）、「ロープの方に切れ目はありません」と言って、ロープの輪を左右の手で拡げながら首から外して示す（写真31）。

13.「この魔術を見たとたん、人食い人種達の顔は恐れで一杯になり、あわてて一目散に逃げていきました。そして私はこのように、無事に帰ることができたのです」
　「以上が、人を喰った話です」と言って、記念の写真を渡して終わる。

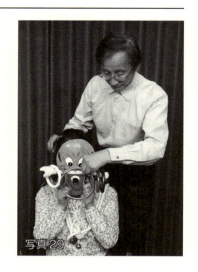
写真29

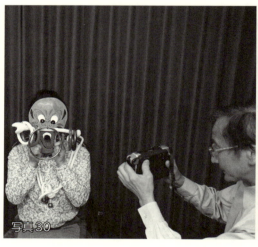
写真30

写真31

【考　察】
　この奇術はだいぶ以前、観客として厚川昌男（泡坂妻夫）氏を舞台に上げて（下田結花さん主催のミニミニ・シアター）演じたことがあるそうだ。観客とりわけマニアの喜ぶ様子が目に浮かぶようだ。

トレージャー・ハンター

【現　象】

「女性は特に宝石が好きです。このロープは見ようによっては、ネックレスに見えます」と言いながら、ロープを見せる。

2つに折ったロープに突然、2つの指輪が現れる。そして、それらは一瞬にしてロープに結ばれてしまう。

『ロープに突然、指輪が現れる』現象は多くの奇術家が好む奇術である。大抵の場合はクロース・アップ奇術として演じられるが、この澤のバージョンはクロース・アップはもとより、サロン・ステージでも十分に現象が見える、やり方になっている。

【準　備】

1．長さ1.5m程のロープ（端をセロテープで止めておく）1本と、派手な（重い）指輪2個が必要（写真1）。

2．2個の指輪をロープに通し、端から10cm程のところでロープをジグザグ折りにして、ここを2個の指輪に通して、1cm程間隔をあけて2個の指輪を留めておく（図1）。

以上のように準備したロープを2つ折りにして指輪のところを右手の平に置き、下に垂れている部分を4つ折りにしてその上に折り曲げて（写真2）登場する。

【方　法】

1．「この紐は特別なもので、ロープ・タイのような装飾用の

写真1

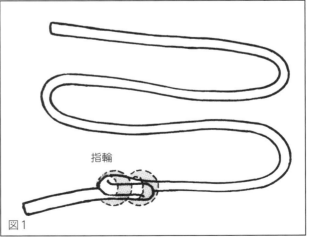

図1

澤浩のロープマジック―――奇術編

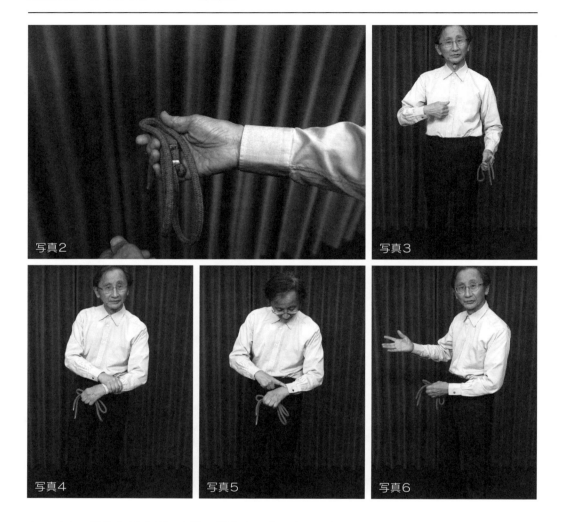

ものです。装飾と言えば、女性の場合は、ネックレスとかブレスレット、そう、そう……、時計とか指輪もあります。それではこの特別なロープを使って宝探しに行きましょう」と言いながら、右手に持ったロープの束を左手に持ち替えて写真3～5のようにセリフに合わせてジェスチャーをして見せ、セリフの終わりあたりで右手の表裏を何気なく改める（写真6）。

2．右手を左手に合わせ、指輪の留めてあるところを右手で掴み（写真7a・b）折りたたんであるところを放しながら両手を拡げてロープを横に構える（写真8）。この動作の中で指輪を留めてあるロープのジグザグ部分を伸ばしておく。

3．左手で持っている端を人差指と中指に挟み直して右手の下に当て、右手に持っている2個の指輪のうちの1個を放して左手に落とす（写真9）。すぐに左手でロープ越しに指輪を握ってロープを扱いていって、下端（と指輪）を持ち上げて手前から右手に近づけていく

トレジャー・ハンター

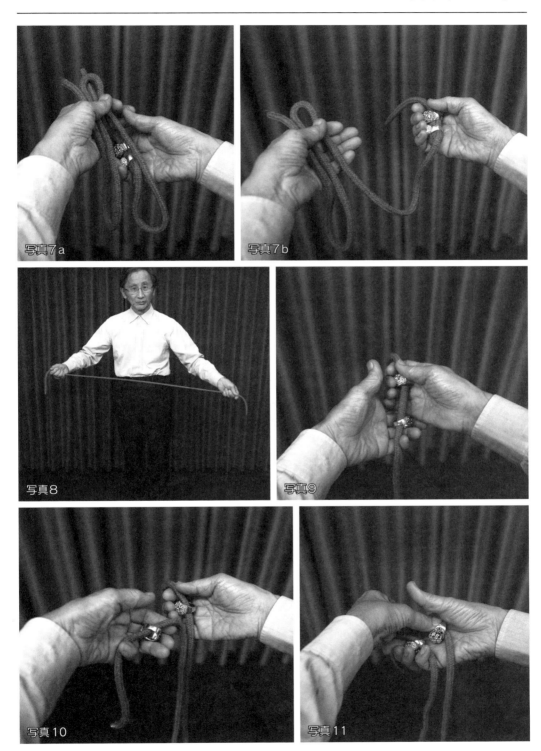

写真7a
写真7b
写真8
写真9
写真10
写真11

243

澤浩のロープマジック―――奇術編

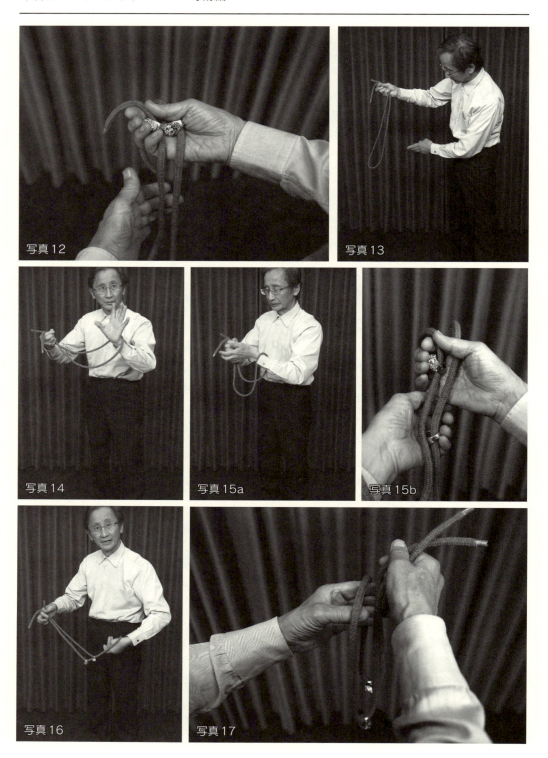

写真12
写真13
写真14
写真15a
写真15b
写真16
写真17

（写真10）。左手の端と指輪を右手の中に置いて（写真11）、上端を右手に掛けるようにして垂らす（写真12）。

4．右手にロープの両端と2つの指輪を握って右の方を向いて2つ折りのロープを示してから（写真13）、左手を垂れているロープの輪の中にに差し込み、手首にロープを掛けて正面に向き直る。

　左手で『空中から何かを掴むしぐさ』をして（写真14）、『それをロープに投げ込む』しぐさをする。と同時に、右手にパームしている2個の指輪を放し、ロープに滑り落として（写真15a・b）突然ロープに2個の指輪を出現させる（写真16）。

5．「豪華な指輪を2個見付けました。指輪が抜け落ちないようにロープに結びつけておきましょう」と言って、左手の指先をロープ中央の輪の中に入れて、左手の親指と人差指で右手のすぐ下の部分を掴んで左方に引き出し（写真17、18）、左手の人差指と中指を手前に伸ばし（写真19）、右手に持っている2本のロープの手前の端1本を挟んで輪の中を通して、左方に引き出す（写真20〜

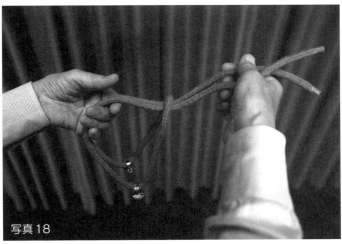

写真18

写真19

写真20

245

22)。

　ロープを左右に伸ばして、2つの結び目の中に夫々指輪が結ばれていることを示す（写真23）。

【考　察】
　右手から左手への指輪のパスは、サイレント・モーラの"ドロップ・バニッシュ"からヒントを得た。

写真21

写真22

写真23

にほんのロープ

【現　象】
「丈夫なロープを手に入れました。どこの国で造られたものか分かりますか？」と言って、2本のロープをテーブル上に置いて示す。
「これは日本のロープです」と言いながら、ロープを引っ張ると、一瞬にして1本のロープになる。「日本製の1本のロープです」

この奇術は澤の『ボール・エンド』と『フォールス・カウント』でできる効果的な現象である。『水のようなロープ』などの現象は、この奇術をさらに発展・進化させたものである。

【準　備】
1．1.8m程の太めのロープ1本を用意する。両端は接着剤でほつれ止めの処理をしておく。

2．ロープの両端ギリギリに、夫々プッシュオフ・ノット（技法編34頁）でボール・エンドを作り、ロープの中央にもプッシュ・オフ・ノットで2個のフォールス・ボールエンドを作る（図1）。これはまず、ロープ中

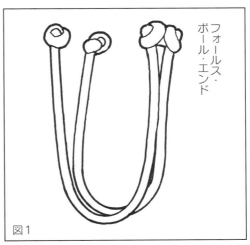

図1

フォールス・ボール・エンド

写真1

写真2

写真3

247

央からちょっとずれたところにフォールス・ボール・エンドを1つ作りその隣りにくっ付くようにもう1つ作る（技法編19頁参照）。

3．ロープを4つ折りにして4つのボール・エンドの下を右手に持って登場する（写真1）。

【方　法】

1．右手に持っているロープの2つの端を垂らして2つ折りでテーブル上に置いて（写真2、3）、「どこの国で造られたものか？」のクエスチョンをする。

2．右手でロープ中央の2つの結び玉を親指と人差指で挟んで持ち上げ、その左に平行に2本のロープの端を並べて持つ。写真1と同じように、観客から見て4つのボール・エンドが見えることになる。

3．つづけて少し変わったフォールス・カウントを次のように行う。

- 右手のロープ・エンドのうち、左端のボール・エンドを左手の指先に持って示す（写真4）。このとき「先の方がこのようにボールになっています」と言いながら、左親指でプッシュ・オフ・ノットのへその部分を軽く押し戻しておく。
- 2つ目のボール・エンドを左手に取る（写真5）。
- 3つ目は、左手の2つ目として左手に取った1本と右手の2つのフォールス・ボール・エンドのある2本とをスイッチして左手に持った3個のボール・エンドを示す（写真6）。このとき、右親指でへそ

写真4

写真5

写真6

写真7

の部分を押し戻しておく。
- 右手に残っている4つ目のボール・エンドを示す（写真7）。

4．ロープ中央の2個のボール・エンドを放り上げながら（写真8）ロープを左右の手で引っ張って中央のフォールス・ボール・エンドを解き、同時に両端のボール・エンドも解いておき、左右の手に持っている端をぐるぐる回して結び目が消えて1本のロープになったことを示す（写真9）。

【考　察】
　カウントをしている中で、両端のボール・エンドのへその部分を押し戻すとき、完全に『解く』のではなく、解けやすくする程度にしておくこと。
　中央のフォールス・ボール・エンドもカウントの途中で結び目を緩めておく方がスムーズにいく。

澤浩のロープマジック―――奇術編

ペンジウム・ロープ

【現　象】

　術者は『時計とロープの関係』について話し始める。

　同じ長さの3本のロープを示し、うち1本を除き、残りの2本のロープを揉むと、1本の長いロープになる。

　長いロープをクルクル巻いてボール状に丸めてから、除いてあった1本のロープに押し付けると、ボールは錘のようにロープに吊り下がる。

　術者はポケットから時計の文字盤を取り出し、ロープをボールを下にしてぶら下げ、「振り子の付いた時計です」と言い、ロープを左右に振って見せる。

そしてロープを逆さまにし、「振り子を短くすると、時間が早く進み……」と言い、ロープのぶら下っているボールを下方にずらし、「このように振り子を長くすると、時間の進みは遅くなります」と言う。

　文字盤をポケットにしまい、ロープの両端を持って引っ張ると、ロープの錘は解けるように1本の長いロープになる。

　少し変わったロープ奇術である。ロープの固まりを振り子の錘に見立てるなどは、澤ならではのアイデアであろう。

【準　備】

1．直径12cm程の時計の文字盤を作り（図1）上着の左ポケットに入れておく。

2．大、中、小（大は1.7m、中は1m、小は32cm位）の3本のロープを用意する。小ロープを2つ折りにした中ロープにU字で交差させておく（図2a）。

　各ロープの両端は接着剤で固めておく。

3．長いロープの端から10cm程のところをジグザグで数回たたみ、その上に2～3回巻きつけて留めておく（図2b）。巻きつけた

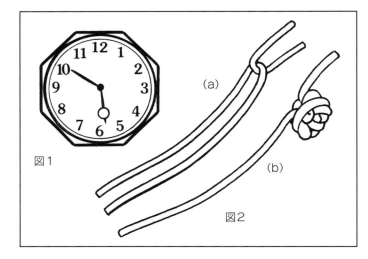

250

ベンジウム・ロープ

後、このロープを伸ばしたとき、短いロープを交差して2つ折りにしたロープと同じ長さになるように巻き付けを調整する。

　3本のロープの、長いロープのボール状の部分と、中、短のロープの交差している部分を右手に握るようにして持ち（写真1）、下に垂れているロープの端を折り上げて、6つの端を右手に持って登場する（写真2）。

写真1

写真2

写真3

写真4

【方　法】

1．折り上げた3つの端を1本ずつ放していき（写真3）、3本の同じ長さのロープのように見せる。

2．3本のロープのうち、長いロープを左手に（ボール状の部分を見せないように）取り、ボール状の部分を左胸ポケットに入れる（写真4）。このとき、ロープの両端はポケットから出しておく。

3．右手の2本のロープの垂れている2つの端を左側に折り上げて、上方に4本の端を並べて持ちバラバラの2本のロープに見せる。フォールス・カウントを次のように行ない、すぐに1本のロープにする。

澤浩のロープマジック―――奇術編

- 左手で、右手の左側の1本を取り、「1」と数え、次の1本を取って「2」と数える。
- 右手の2本と左手の1本を取り換えて「3」、右手に残っている1本を示して「4」と数える。
- 右手の端を短く持って手前に返しながら左手に近づけ、U字の短いロープのうちの1本の先端を右手の親指と人差指で掴んで左手から引き抜き、同時に左手は、ロープを下方にパラパラと伸ばし左手の平を見せて、ロープが1本になったことを示す（写真5、6）。

4．左手のロープを右外方向に投げ、右手で握っている2本のロープのつなぎ目を左手に持ち替え、すぐに両手の平を上に向けて、左右にロープをピンと張って伸ばして示す（写真7）。

5．右手をロープから放し、左手のロープの上端（短いロープ）を持ち、この端を芯にして、左手でロープを巻いていって（写真8）、長い方のロープもこれに巻きつけ、全て巻いてボールを作る（写真9）。

写真5

写真6

写真7

写真8

写真9

写真10

ベンジウム・ロープ

6. 左手にボールを置いて、右手でポケットから、ボール状の部分を握り込んでロープを取り出す（写真10）。

　左手のボールを右手の平に置く（写真11）と見せていったん右手に持っているロープのボールの後ろに隠して置き、右手で垂れ下がっているロープの下端を取り上げて、ロープを2つ折りにしながらこの端を右手に渡すときに、後ろに置いたボールを左手にパームする（写真12）。

7. すぐに左手を上着の左ポケットに手を入れて（写真13）、パームしているボールを中に置き、文字盤を持って取り出してくる（写真14）。

8. 文字盤の裏面に右手のロープの下端を付けて、左手の親指で押さえ（写真15）、左手を上げて、右手を下げる（写真16）。

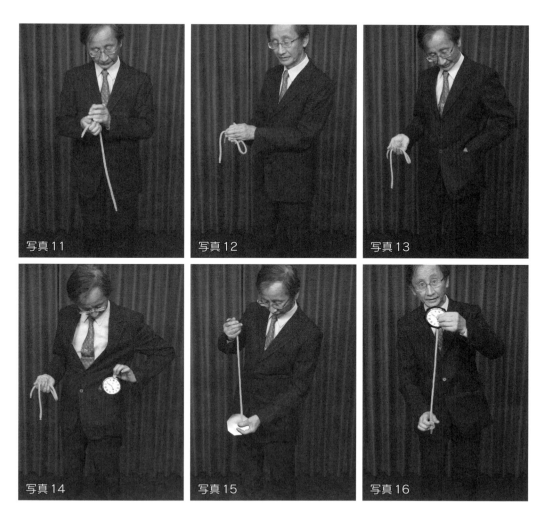

253

右手でボールの部分を左右に振り（写真17）「時計の振り子です」と説明する。

ロープの上下を逆にして左手の時計と一緒に持ち（写真18）、「このようにすると、振り子が早くなって、時計が進みます」と言う。

写真17

写真18

写真19

9．「つまり、時間のコントロールが振り子によってできることになります」と言って、左手にボールを持って巻きを崩しながら下に下げる（写真19）。

10．文字盤をポケットに戻し、ロープを横に両手で持ち、左右に引っ張って、ボール状のロープがくっ付いて長い1本のロープになったことを示して終わる（写真20）。

写真20

#

【現象】

リズミカルな南米の音楽『ランバダ』に合わせて演じられる。

3本のバラバラのロープが示される。それぞれのロープの両端を結んで輪にする。うち1つの輪を残り2つの輪に投げ込むと、3つの輪は繋がる。

3つの輪の結びを解いて、確かにバラバラであることを示し、観客席に向かってロープを投げると、3本のロープは結ばれて1本につながっている。

もう一度それぞれのロープで輪を作り、これを空中に放り上げると、バラバラだったはずの3つの輪は、1つの大きな輪になる。

マグネットなどのギミックを使わずに、スライハンドで『リンキング・ロープ』を含む『繋がる』というテーマを手順にしたものである。

この奇術はレクチャー・ノート『Sawa's Lecture Series：Rope 2-2 ランバダカメオ』（2013）に詳細な解説がある。

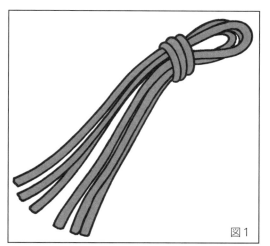

図1

【準 備】

1．1.5m程の太めのロープ3本を用意する。ロープの両端は接着剤で解れ止めをしておく。

2．3本のロープを揃えて、まとめて結んでおく（図1）。

【方 法】
第1段：3つのバラバラの輪が繋がる

1．3本のロープを持って、登場しバラバラであることを示してから（写真1、2）、左腕に掛ける（写真3）。

写真1

澤浩のロープマジック――――奇術編

写真2

写真3

写真4

写真5

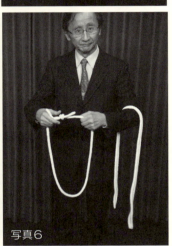
写真6

写真7

2．右手で1本のロープの端を持って、右の方に引き出す（写真4）。左手を添えてロープを両手で持ち、左右に拡げて1本のロープであることをはっきりと示して（写真5）、両端を『スライディング・ノット』（技法編29頁）で結ぶ（写真6）。

3．両手でロープの輪を拡げて見せ、両端がしっかりと結ばれていることを見せてから、この輪を左手で右腕に掛ける（写真7）。このとき、結び目が右下になるようにする。

4．2本目のロープを引き出し、同様にスライディング・

ランバダ

ノットで結んで輪をつくって示し(写真8)、1本目と同様に右腕に掛ける。今度は結び目が右上になるようにする(写真9)。

5．3本目のロープも結んで輪にするが、今回は『キー・ノット』(技法編39頁)で結び、正面を向いて、両手で輪をピンと張って(結び目に力がかからないように)、観客に示す(写真10)。

6．3つ目の輪の結び目を左手で持ち、『パックマン・ムーブ』(技法編39頁)の準備をしながら、右腕を上げて2本の輪を示し、その2つの輪をキー・ノットを持った左手で取りに行き(写真11)、左手の輪の結び目を開いてパックマン・ムーブで2本の輪に通してしまう。

　すぐに、左手は結び目を持ったまま左上方に伸ばし、同時に2つの輪を腕に滑らせて右手で3つの輪を一緒に持って3つ目の輪の結び目を示す(写真12)。このとき、輪の交差部分を右手親指で隠す。

7．右手を上げ右の方に伸ばし(写真13)、左手の3つ目の輪を右手の2つの輪の中に投げ込むとみせて、右

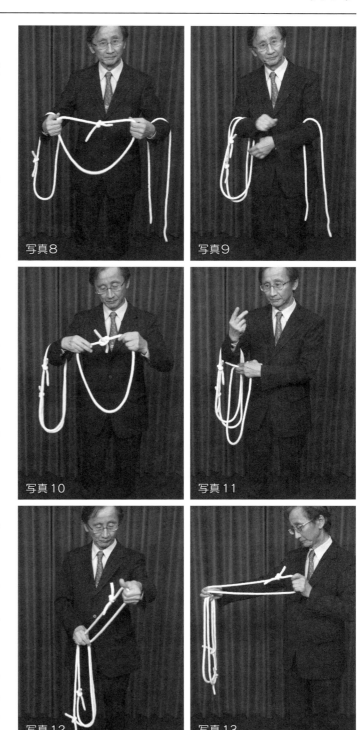

写真8　写真9
写真10　写真11
写真12　写真13

257

手の2つの輪の後ろを通すように投げる。同時に右手の内側の輪を放して、3つの輪を繋げて見せる(写真14)。中央の輪の結び目近くを左手で持ち上げて、ロープ3本が繋がったことをはっきりと示す(写真15)。

第2段：3本のロープが一瞬にして結ばれる
ここで、3つの輪の結び目を解くと見せて、実際には、次のようにして密かに繋いで直列にしてしまう。

8．一番上の輪の結び目を左手で持ち上げ結びを本当に解き(写真16)、左手の方を下げて2本の輪を滑らせて左手に持ち、左手のロープの左端を2つの輪から外して二つ折りにして右手に渡す。

9．左手にある2つの輪を持ち上げて、上の輪の結び目を解くふりで(写真17)、結び目を緩めて右手に持ち、ヘソの部分を左手で引き抜いて両端を離す。このとき、結び目を右手のロープの左側の端の下に入れて持ち、右手の親指で、重なっている左側のロープの端を結び目の中にくの字で押し込む。

10．次に、左手を下げて、3

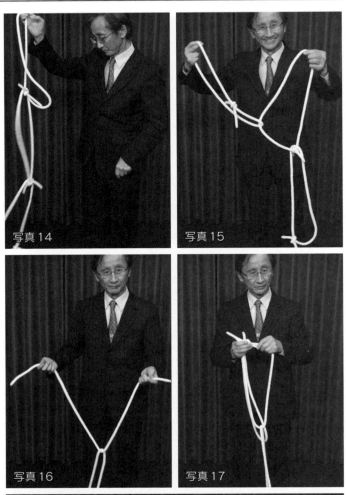

ランバダ

つ目の輪を滑らせてロープから外しながら（写真18）、ロープを引っ張って結び目を締めておく。

11. 左手に持っている2本目のロープの端を右手に渡し、右手のロープの左側に並べて持つ（右から1本目のロープ、同じロープの他端と2本目とで結んだ2つの端、2本目の他端となっている）。

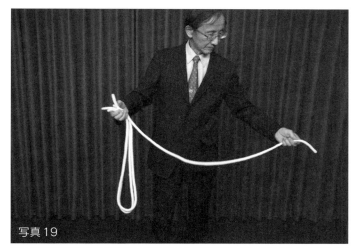
写真19

12. 両手で3つ目の輪の結び目を解くふりで結び目を緩めて右手に持ち、左手で他端を引き抜いて両手を離す。ロープを左右に拡げて示す。このとき、2本目のロープの端を3本目のロープの結び目の中にくの字で押し込んで結び合わせロープを左右に拡げて示しながら、結び目を締めておく。

写真20

13. ここで、次のようにフォールス・カウントをしてバラバラの3本であるように見せる。
- 左手に右手の一番左側の端を取り（写真19）、「1」と数える。
- 左手で今取った端と右手の左側の結び付けた2端とをスイッチして（写真20）、「2」と数える。
- 右手にスイッチした1

写真21

259

端を左手に取り（写真21）「3」と数え、両手を拡げてロープがバラバラであることを見せる。
- 左手の1端を右手の結ばれている2端とを取り替え、両手を拡げて「4」と数える。
- 右手の1端を左手に取り「5」と数える。
- 右手に残っている1端を左手の人差指と中指とで挟んで取り「6」と数える。

14. 右手を放して観客席の方を指差し（写真22）、左手の人差指と中指の間で保持している端以外のすべてのロープを観客の方に向かって放り出し、バラバラであったはずの3本のロープが一瞬にして、繋がって1本になったことを示す。

ロープを引き寄せ、両手に結び目を持ち、ロープをはっきりと示す（写真23）。

第3段：3つの輪が1つの大きな輪になる

15. ロープの結び目を両手で引張る真似をして、結び目がよく締まっているように見せ（写真24）てから、3本のロープを1本ずつ本当に解いていって左手に持つ。

16. 次に、3本のロープを左手から1本ずつ右手に順に渡しながら、バラバラであることを示す。このとき、1本目を右手にサムパームの位置におき、2本目をその左、

そして、3本目をそのまた左に並べて置くように見せて、2本目のロープの端の上に交差させて置く。

ランバダ

交差した2本のロープの間に右手小指を挿入し、左手の人差指と中指を3本のロープの間に向こう側から差し入れて、下方に梳いていって（写真25）3本のロープを平行に並んでいるように示す。

17. 左手に持っているロープのうち、3本目として右手に置いたロープの交差させた外側の1本だけを左手に保持したまま、他の2本を放し、この端を右手の一番左にある交差している端と結び合わせて、1本目のロープで輪を作ったように見せる（写真26）。

輪になったロープを右手の親指の付け根を通して右腕に掛ける（写真27）。

18. 右手のサムパームの位置にある（右側の）ロープを左手親指と人差指で掴んで抜き出し、両手を拡げて、3本のロープがバラバラなことを示す（写真28）。

左手のロープを右手の左端に置きながら、垂れ下がっているロープ（右腕に掛けた輪につながっている方）を上から交差させ、右手小指を2本のロープの間に挿入して、左手の人差指を2本のロープの間に向こう側から差し入れて下方に梳く。

2本のロープを横に、平行に拡げて見せ、左手は中央のロープを放す。左手のロープの端と右手の左端を結んで輪をつくり、右腕に掛ける。

19. まだ輪になっていない垂れ下がっているロープの交差点から少し下の部分を左手で掴み、右手中指の方向に

写真26

写真27

写真28

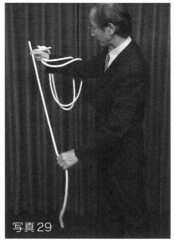
写真29

折り曲げ、この垂れ下がっているロープが1本で繋がっているように見せるべく、右手の上に出ている端を直線になるように右親指と人差指で掴む（写真29）。

すると実際には2本のロープであるにも関わらず、1本のロープのように見える（澤のストレート・イリュージョン）上に、2つの輪との『分離感』が出る。

20. 垂れ下がっているロープの下端を左手で取りげ、右手の端と合わせて結んで輪をつくる（写真30）。

21. 右腕に掛けていた2つの輪を左手親指で引っかけて下ろし、3つの輪を揃える（写真31）。ロープ全体を捻りながらロープを扱って、交差点を右手の中にする。

　3つの輪を横に持ち、左手で持っているロープを1つずつ放していき、輪がバラバラであることを強調する（写真32）。

22. もう一度、21の動作を左右の手を替えて行う。

　以上は3本のロープの輪のフォールス・カウントである（澤のセパレイテッド・カウント）。

28. ロープ全体を空中に投げ上げ、キャッチし、ロー

写真30

写真31

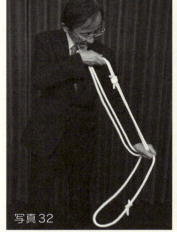
写真32

写真33

写真34

プを拡て、繋がった大きな輪になっていることを示す（写真33、34）。

【考　察】
　マグネットなどのギミックを使わない『リンキング・ロープ』で最も有名なのはアルディーニの方法（『手品・奇術・タネあかし』高木重朗著）であろう。
　澤は、これら在来の方法に比べ、3本のロープの『分離感』を重要視し、その解決を図った。

　澤のフォールス・カウントの特徴は、従来のスイッチのようにロープを人差指と中指で挟んで持ったりしない。スイッチするロープの端は指先でつまむように保持され、スイッチの瞬間はノットの下に滑り込ませるようにする。

　第3段はジム・カラートの『サプライズ・エンディング』（日本では『アルハンブラの輪』とか『3本のロープの輪』と呼ばれている）を、現象の直前までロープ3本が分離して見えるようにハンドリングを変えたものである。

その他の「現象」

　澤は実に多作家である。それらの中には、奇術家によく知られているトリックを少し変更しただけの作品もあれば、まるで新しい『画期的な』作品もある。また一度出来た作品や手順も刻々と変化、発展させていくので、それら全体を掌握することは極めて難しいのである。ここでは、素材をロープ、紐だけに限って、私が見てきた現象についてまとめてみたい。

　販売する（あるいは販売していた）作品については、この本でも解説を避けたものが多い。これらについては、直接販売店に問い合わせていただきたい。

1．ミステリー・サークル（マジックランドで販売している）
　術者はイギリスの『ミステリー・サークル』についての話をする。「これは、そこで見つけたロープの束である」と言って、4本のバラバラのロープを見せる。
　そのうち1本を観客に渡し、端を結んで輪にしてもらう。そして残りの3本は束ねて術者の腕に掛けておく。
　観客のロープの輪を受け取り、腕の3本の上で2，3度まわしておまじないを掛けると、3本のロープはそれぞれ結ばれて、3つの輪になっている。
　3つの輪におまじないを掛けると、3つの輪は大きな1つの輪になる。
　大きな輪を首に掛け、観客の小さな輪を解き、その両先端同士を擦り合わせると、一瞬のうちに繋がって結び目の無い輪になる。
　小さな輪をポケットに仕舞い、大きな輪におまじないを掛けると、こちらも結び目の無い大きな輪になる。

2．ハワイアン・パニック（ラブリー・フラ・ハンズ）
　ハワイアン・ミュージックが流れる中で、術者は「4本のロープを使って、興味深いことをお見せしましょう」と言う。
　4本のロープを数えると5本ある。うち1本を取り除いて数えると、やはり5本ある。再び1本除いて数えると、5本ある。再び……何度数えても5本になるので、最後に5本のうちの4本を取り除く。
　残りの1本の両端を結んで小さな輪にする。小さな輪はグングン伸びて大きな輪になる。除けておいたロープのうち1本を取り、少し揉むとメガネのようになる。残りのロープを見ると被り物に変わっており、術者はこれを被る。それから、腰に飾りが現れ、スタイルが完成する。術者はフラ・ダンスを踊り出す。

3．メガネ
　1本のロープが一瞬のうちにメガネのように造形され、耳にかけられる。

4．サークル・エンド

　端が輪になっている4本のロープを示す。ロープを空中に投げ上げると、4本は長い2本のロープになって落ちてくる。

　2本のロープの片方の端を持って、観客の方に放り出すと、ロープは切れ目のない長い1本のロープになる。

5．首絞め

　「人の首を絞めたことがありますか？」で始まるこの奇術は素人の観客に受ける演目の一つである。

　ヘンリー・ウェナブルの『ロープ・スルー・ネック』すなわち2本のロープを使った、ロープが首を貫通する奇術。もともとは仕付け糸を使って演じる方法が一般的であったが、澤は、新しい見せ方として、周りを囲まれていても出来るように、自身のやり方を考案した。

　1982年ごろから『確実な首絞め』と称して澤は演じている。『澤浩の奇術』（東京堂出版 2013年）参照のこと。

6．Sawa's Not a Knot（Sawa's Lecture Series）

　1本の白いロープを観客に示し、その中央に結び目を作る。その結び目は玉になって、観客の手の中に落ちる。

　最後に、結び玉は紙幣に変化する。

7．Cook-A-Doodle-Do！（Sawa's Lecture Series）

　（赤、黄、緑色の鮮やかな3色のロープを使い、音楽に合わせて行われる）

　1.5m程のバラバラの3本のロープを示し、1本ずつ端を結び、3つの輪を作る。3本の輪がバラバラであることを示してから、そのうち1本を2本の輪に向かって投げ込むと、3本の輪は繋がってしまう。

　3本の輪をバラバラに解いてしまい、これを空中に放り上げると、3本のロープは1つの大きな輪になって落ちてくる。

※本文190頁『クック・ドゥードゥル・ドゥー』で若干簡略化した手順で解説した。

8．主よ！（マジックランドで販売）

古くからある『リングとロープ』のテーマを音楽に合わせて、澤タッチでサロン風に演じ、美しい彼独自の世界を表現する。

音楽『主よ、人の望みの喜びを！』が流れ、神々しい雰囲気の中で演技が始まる。

　澤は神父のスタイルで現れる。首からロープが垂れていて、大きなリングがペンダントのように首から吊り下っている。

　ロープの両端を左右の親指に結びつけた後、リングをロープの方に投げ込むと、リングは貫通して、ロープにぶら下がる。

　ロープを両指から外し、ロープの中央あたりにリングをくくりつける。そしてロープ中央の結び目を持ち、両端を下にすると、リングは結び目を残して、ロープを伝わって滑り

落ちる。
　結び目を解き、リングを再びロープに通してから、ロープの中央からリングを引っ張ると、リングはロープから抜ける。
　もう一度、リングをロープに通してからロープ中央からリングを抜き取って見せる。
　最後に、ロープの両端を結んで輪にし、その輪にリングを投げ込むと、リングはロープを貫通して、ぶら下がっている。澤はロープの輪を首にかけ、退場する。
※この奇術は以前、「Ring & Rope」（Part 1－4）と題して、外国用レクチャーノートとして図解のみの解説書としてマジックランドから売り出された。

9．ニュー・テクノロジー・ラバー・バンド（Sawa's Lecture Note on Rope）
　澤は最近発見された新しい素材が手に入ったという。2本の同じ長さのゴムひものようなものを示し「2本のうち、一方は普通のゴムひもであり、他方は新素材である」という。観客に「どちらか、新素材だと思う方を選んでもらい」そのひもで、術者と互いに輪を作る。
　術者が輪を大きく拡げる動作をして見せ、観客も同様に輪を拡げるよう言う。観客の輪は少ししか伸びないが、術者の輪はどんどん伸びていき、ついには、両手、両足で拡げるまでになる。

10．黄金の駱駝
　澤は黄色いロープ4本を取り出し、昔見た『黄金の駱駝』について話し始める。
　1本目のロープの中央に1つの結び目があり、「駱駝にはコブが1つのヒトコブ・ラクダ」、2本目のロープには2つの結び目を見せ、「コブが2つのフタコブ・ラクダがあります」という。
　残りの長さが異なる2本のロープをそれぞれ示し、「こちらは伝説の黄金の駱駝の親子です。コブはありません」と言って、2本のロープを揃えて持ち、「お母さん駱駝の上に子供の駱駝が乗って、砂漠を進んで行きました」「熱いところでは子供の成長が早く……」と言ってロープを両手で引っ張ると、2本のロープの長さは同じになる。
　「駱駝はさらに大きくなり……」と言って、2本のロープを引っ張ると、長い1本のロープになる。
　「駱駝が砂漠で暮らすには……コブが必要です」と言って、ロープをよく見るとロープに結び目がたくさん現れている。「黄金の6つコブ・ラクダです」

資　料

ロープ奇術の現象
　代表的なロープ奇術の現象には次のようなものがある。
　①　結び目が現れる
　②　結び目が消える
　③　結び目が移動する
　④　ロープが（人、もの、首、腕などを）通り抜ける
　⑤　数本のロープが1本に繋がる
　⑥　縛られた人がロープから抜け出す
　⑦　リンキング・ロープ（ロープの輪が鎖のように繋がる）
　⑧　切ったロープが繋がる（ロープ切り）
　　　後述のフィッキーの『Rope Eternal』はこの『ロープ切り』を分類・解説したものである。
　⑨　ロープが伸びる
　⑩　長さの異なるロープが同じ長さになる（あるいはその逆）
　　　『3本ロープ』に代表される。

＜参考文献＞
　ロープ奇術はその長い歴史の割に、研究書は少ない。ロープを解説した文献を挙げると、

Discoverie of Witchcraft（Reginald Scot 1584）
　「ロープを切って、これを元通りにする」現象は最も古い奇術の一つであり、この最古の文献にすでに解説がある。

Hocus Pocus Junior（1634）（写真1）
　最古の奇術専門書。「2つか4つに切って元に戻す方法」（写真2）の解説が見られる。

Modern Magic（Hoffman 1876）
　「ロープ切り」などクラシックな奇術を紹介。

3 to 1 Rope Trick（Tom Osborne 1938）
　「3本のロープが1本の長いロープになる」奇術。発表当時、大評判になった。

Greater Magic Library（J.N. Hilliard 1938）
　「切って、元通りにする」「伸びるロープ」を解説。

Abbott's Encyclopedia of Rope Tricks for Magicians (Compiled by Stewart James 1941)
　We Dedicate to Dr. Harlan Tarbellとなっている世界最初のロープ奇術専門書。

Tarbell Course in Magic (Harlan Tarbell 1941)
　Harlan Tarbellが始めた通信教育「Tarbell System」（1927～）には、彼がロープ奇術のエキスパートであったこともあり、多くのロープ奇術の解説がある。
　特にVol.1の"Coats Tape and Rings""The Prisoner's Escape" Vol.5の"Hindu Rope Mystery" Vol.6の"E.G.Moore's Magnet Rope""Tarbell's Linking Rope Ring Routine"などは、ぜひチェックしておきたい。

Stewart James' Encyclopedia of Rope Tricks (Edited by Fajuri 2005)
　I Hate Rope Tricks？（ロープマジックは嫌い？）で始まる同著は、絶版になって久しいStewart Jamesの3部作を1冊に纏めたものである。
　邦訳「世界のロープマジック1＆2」（東京堂出版 2010・2011）

Rope Eternal (Dariel Fitzkee)
　「切って元通りになるロープ」現象を6種類に分類。
　邦訳「ロープ切り」（高木重朗訳 力書房 1961）

Enough Rope (Harry Stanley 1968)
　雑誌「GEN」に記載したロープ奇術を纏めたもの。ヨーロッパの奇術家の作品が多い。

The Magic of Pavel (1969)
　パーベルのロープ奇術が8種類解説されている。効果はシンプルで、道具さえあれば簡単に出来るものが多い。

奇術を始める人のために（高木重朗 池田書店 1966）
　入門者のために書かれた奇術総合書。ロープ奇術は「消える結び目」「通り抜けるロープ」「繋がるロープ」「ロープ切り」を解説。

手品・奇術・タネあかし（高木重朗 日本文芸社 1972）
　初心者向きの本として発売されたが、内容は充実している。「ロープに現れるシルク」「ロープから飛び出すシルク」「消える結び目」「色の変わる結び目」「現れる結び目」「ロープから抜け出すブロック」「ロープ切り」「リンキング・ロープ」「ロープからのエスケープ」「3本ロープ」などを解説。

ロープ奇術入門（高木重朗著　日本文芸社 1977）
　本邦初の本格的ロープ奇術の解説書。高木氏がロープ奇術を得意としていたこともあり、

「奇術界報」や「奇術研究」に解説を載せている。それらの中から「ロープ切り」「3本ロープ」を中心として、海外のロープ奇術を1冊にしたもの。現在絶版。

ロープマジック（高木重朗著　東京堂出版1987）
　上記「ロープ奇術入門」を再編成。いくつかの奇術を入れ換えて再刊。

雑誌奇術研究（力書房　後に東京堂出版が合本再版）
　高木氏が欧米の奇術を多数紹介している。
　特に、第6号、26号、47号、52号、53号、62号、86号は「ロープ奇術」特集である。

マジック大全（松田道弘　岩波書店 2003）
　ロープ奇術の解説は「3本ロープ」のみであるが、この奇術が「教授の悪夢」と言う演出になった歴史と、改良の過程を教えてくれる。

プロが教えるロープマジック（藤山新太郎 東京堂出版2008）
　プロ奇術師の藤山氏がロープ奇術の「演じ方」を中心に解説。ＤＶＤ画像も付いている。

＜参考画像＞
　文字から奇術、とりわけロープ奇術を理解することは難しいかもしれない。そこで、ロープ奇術についての基本的な動作について解説画像として、次のものをお勧めしておく。

ロープマジック（高木重朗　アイビデオ）
　ロープ切りの基本と応用が3種類解説。

3本ロープの変化（高木重朗　アイビデオ）
　3本ロープの基本、スタンフィールドの方法、同じ長さになる3本ロープを解説。

ロープ切りの手順（高木重朗　アイビデオ）
　高木の手順、ジョージ・サンズの方法を解説。

あとがき

(澤浩の奇術に触れて)

　アメリカにStewart James'"Encyclopedia of Rope Tricks"（1941・1969・1982）という3巻からなるロープ奇術ばかりを集めた百科事典がある。長い間絶版状態が続いていたが、2005年にFajuriがその合本を刊行した。その本の「まえがき」にMac Kingが次のように書いている。
　「ロープ・マジックが嫌いだという人がいる。実は僕もそうだった……」（邦訳：世界のロープマジック①②　東京堂出版）と。
　「ロープ奇術が嫌い？これは私と同じではないか」。30年前に東京で彼Mac Kingの演技を見たことを思い出した。その時、確かに彼の演技の中心はロープ奇術だった。その手馴れたロープの扱いに感心したことを覚えている。
　偶然にも、つい最近ラスベガスに行ってMac Kingのショーを見る機会があった。彼が演じるロープ奇術は、30年前と比べ、明らかに進化し、グレード・アップしている。「奇術とは思いを込めて、練習し、自分のものにすれば、この域に進化させることができるのだ」という感動を覚えて帰ってきた。
　最近、ロープ・マジックがあまり好きではない私だが、人生を仕切り直して、もう一度最初から奇術をやるとしたら、「ロープ奇術」にチャレンジしてみたいと考えている。近代奇術の90パーセント以上を占めるであろう「カード奇術」などに比べ、「ロープ」の分野はまだ未開である。開発する余地の方がずっと広いと考えられる。そのように考えると、澤氏の手品へのアプローチの仕方は大いに参考にすべきである。
　「素材によって出来る現象・方法がいろいろ存在する。それを見つけ、発展させる。人に見せて、自分も楽しむ」そう、澤さんは私に教えてくれました。

　澤は次の人々に感謝を述べている。
　スイスのパーベル、オランダのフリップ、フランスのジャン・メラン、アメリカのダロー・マルティネス、そして日本の高木重朗氏。これらの人々は、ロープ奇術の分野に多大なる貢献をしました。
　私は次の方々に感謝をささげたい。
　小野坂御一家（TONさん、聰さん、ママさん）、東京堂出版の名和成人さん、そして誰より、澤ご夫妻（浩さん、弓子さん）に。　　あなた方は最高だ！

宮中　桂煥

【著者略歴】

宮中　桂煥（みやなか　けいかん）
1952年大阪生まれ。
21歳のとき、東京の高校生にカード・マジックを見せられ、この世界に。
翌々年、マイク・スキナーの演技を見て、スライハンド・マジックに夢中になる。
アメリカで、ダイ・バーノンを見て、あのような人物になりたいと考えるようになった。
その後、ラリー・ジェニングスに奇術を教わる機会を得て、奇術観が変わった。
以降、多くの奇術家と付き合ってきたが、中でもトニー・スライディーニとロジャー・クラウスの影響を大きく受けた。
著書に『図解カードマジック大事典』（東京堂出版 2015年）、『澤浩の奇術』（東京堂出版 2013年）などがある。

【編纂略歴】

TON・おのさか
1933年生。自称マジック・ヒッピー。マジック・コーディネーター、マジック・コンベンション・プロデューサー、マジック・アドバイザー、イラストレーター、マジック・クリエーター。マジック専門店マジックランドの創立者でもある。マジック・キャッスル（ロスアンゼルス）ライフメンバー。（公社）日本奇術協会参与。AMAアジア・マジック協会相談役。2013年FISMブラックプール（イギリス）審査員。

イラスト＊TON・おのさか

Photos＊Satoshi.O

澤浩のロープマジック
2016年8月25日 初版印刷
2016年8月30日 初版発行

著　者──宮中桂煥
編　纂──TON・おのさか
発行者──大橋信夫
制　作──magicland.jp　　DTP──小野坂聡
印刷所──東京リスマチック株式会社
製本所──東京リスマチック株式会社

発行所──株式会社 東京堂出版
〒101-0051　東京都千代田区神田神保町1-17
電話 03-3233-3741　振替 00130-7-270

ISBN978-4-490-20943-3 C2076　　©Keikan Miyanaka
Printed in Japan, 2016

澤浩の奇術　Magic of Dr. Sawa	宮中桂煥 編	A5判216頁 本体4,700円
エリック・ミード　クロースアップマジック	エリック・ミード著 角矢幸繁訳	A5判180頁 本体3,200円
ジョン・バノン カードマジック	ジョン・バノン著 富山達也編	A5判196頁 本体3,000円
カードマジック カウント事典	ジョン・ラッカーバーマー著 TON・おのさか和訳	A5判260頁 本体3,600円
カードマジック フォース事典	ルイス・ジョーンズ著 土井折敦訳	A5判416頁 本体3,700円
ホアン・タマリッツ　カードマジック	ホアン・タマリッツ著 角矢幸繁訳・TONおのさか編	A5判368頁 本体3,200円
ジェイ・サンキー　センセーショナルなクロースアップマジック	リチャード・カウフマン著 角矢幸繁訳	A5判184頁 本体2,800円
図解　カードマジック大事典	宮中桂煥著 TON・おのさか編	B5判700頁 本体各6,400円
ビル・スイッチ 千円札が壱万円札に	ジョン・ロヴィック著 滝沢敦訳・TON・おのさか編	B5判392頁 本体4,500円
世界のカードマジック	リチャード・カウフマン著 壽里竜和訳	A5判296頁 本体3,600円
世界のクロースアップマジック	リチャード・カウフマン著 TON・おのさか和訳	A5判336頁 本体3,500円
ブラザー・ジョン・ハーマン　カードマジック	リチャード・カウフマン著 TON・おのさか和訳	A5判400頁 本体3,900円
デレック・ディングル　カードマジック	リチャード・カウフマン著 角矢幸繁訳・TONおのさか編	四六判432頁 本体3,900円
ラリー・ジェニングス　カードマジック	リチャード・カウフマン著 小林洋介訳・TONおのさか編	A5判334頁 本体3,800円
アロン・フィッシャー　カードマジック	アロン・フィッシャー著 小林洋介訳・TONおのさか編	A5判172頁 本体2,800円
ロン・ウィルソン　プロフェッショナルマジック	リチャード・カウフマン著 角矢幸繁訳	A5判238頁 本体3,200円
ヘルダー・ギマレス　リフレクションズ	ヘルダー・ギマレス著 滝沢敦訳	A5判160頁 本体3,200円

（定価は本体＋税となります）